حسن چشتی

امریکہ میں دکن کا نمائندہ

(رسالہ 'لمس کی خوشبو' کے 'حسن چشتی نمبر' [اکتوبر ۲۰۱۰ء] سے منتخب شدہ مضامین)

مرتبہ:

اطیب اعجاز

© Taemeer Publications LLC

Hasan Chishti - America mein Deccan ka numainda
Edited by: Atyab Ejaz
Edition: November '2023
Publisher :
Taemeer Publications LLC (Michigan, USA / Hyderabad, India)

ISBN 978-93-5872-726-5
9 789358 727265

مصنف یاناشر کی پیشگی اجازت کے بغیر اس کتاب کا کوئی بھی حصہ کسی بھی شکل میں بشمول ویب سائٹ پر
اَپ لوڈنگ کے لیے استعمال نہ کیا جائے۔ نیز اس کتاب پر کسی بھی قسم کے تنازع کو نمٹانے کا اختیار
صرف حیدرآباد (تلنگانہ) کی عدلیہ کو ہو گا۔

© تعمیر پبلی کیشنز

کتاب	:	**حسن چشتی : امریکہ میں دکن کا نمائندہ**
مرتبہ	:	**اطیب اعجاز**
پروف ریڈنگ / تدوین	:	اعجاز عبید
صنف	:	تبصرہ و تجزیہ
ناشر	:	تعمیر پبلی کیشنز (حیدرآباد، انڈیا)
سالِ اشاعت	:	۲۰۲۳ء
صفحات	:	۷۶
سرورق ڈیزائن	:	تعمیر ویب ڈیزائن

حسن چشتی : امریکہ میں دکن کا نمائندہ 5 مرتب : اطیب اعجاز

فہرست

(۱)	ذکر حسن چشتی اور ان کے شکاگو کا	مجتبیٰ حسین	8
(۲)	حسن چشتی۔۔۔بے چین شخصیت	سید ہاشم علی اختر	17
(۳)	حسن چشتی	شاہ بلیغ الدین	22
(۴)	امریکہ میں نمائندۂ دکن حسن چشتی	سید عارف حسینی	25
(۵)	حسن چشتی	پروفیسر شمیم علیم	31
(۶)	حسن چشتی: مجتبیٰ حسین کی تحریروں کے ترتیب کار	خواجہ کمال الدین	37
(۷)	حسن چشتی سے ایک تصوراتی مکالمہ	عرفان مرتضیٰ	42
(۸)	سکس ملین ڈالر مسکراہٹ	شجاعت علی راہیؔ	49
(۹)	حسن چشتی: یوسفِ گم گشتہ	محمد نور الدین خان	52
(۱۰)	حیدرآبادی تہذیب کے چارمینار: حسن چشتی	ڈاکٹر صادق نقوی	59
(۱۱)	دیارِ غیر میں اُردو کا مسیحا: حسن چشتی	شاہ نواز شاہ	67
(۱۲)	انتخاب کلام	حسن چشتی	72

تعارف

مجتبیٰ حسین

حسن چشتی ہمارے ان دوستوں میں سے ہیں جو پچھلے بیس اکیس برسوں سے رہتے تو دیار غیر میں ہیں لیکن کچھ اس ڈھنگ سے رہتے ہیں کہ کبھی ہمیں یہ احساس نہ ہونے دیا کہ وہ ہم سے ہزاروں میل دور رہنے لگے ہیں۔ اس عرصہ میں شاید ہی کوئی مہینہ ایسا گزرا ہو جب ان کا کوئی خط نہ آیا ہو اور اگر خط نہ آیا ہو تو ان کا کوئی فون نہ آیا ہو اور اگر فون نہ آیا ہو تو ان کا کوئی دوست نہ آیا ہو۔

سید ہاشم علی اختر

میں نے کئی برس پہلے ریڈرس ڈائجسٹ میں ایک مضمون پڑھا تھا، عنوان تھا۔

"They retired and got busy"

اُس میں ایسے لوگوں کا ذکر تھا جو ریٹائر ہونے کے بعد اپنی پچھلی زندگی سے زیادہ کامیاب رہے۔ حسن چشتی اس کا ایک اچھا نمونہ ہیں۔ قبل از وقت ملازمت سے وظیفہ لینا ہمت کا کام ہے اور پھر اس عمر میں ایک نہیں دو دفعہ ہجرت کرنا کسی بے ہمت سے ممکن نہیں ہے۔ سعودی عرب اور امریکہ میں جو کام انہوں نے کئے، اس کی تفصیل آپ سن چکے ہیں۔

سید عارف حسینی

۱۹۸۶ء میں شکاگو منتقل ہونے کے بعد "خاموش نہ بیٹھے گا مغرب میں جنوں میرا" کہتے ہوئے چشتی صاحب نے شکاگو کی مختلف ادبی و سماجی اداروں اور انجمنوں سے اپنا رشتہ جوڑ لیا اور اپنے ہمہ گیر اور پر خلوص طور و طریق اور حسن اخلاق سے بہت جلد ہر دلعزیزی حاصل کر لی۔ یہ ان کی اُردو ادب و زبان کی ترویج و ترقی کی دوسری مہم تھی۔ یعنی عرب کی سرزمین میں اُردو زبان کو متعارف کر دینے کے بعد مغرب یعنی انگریزی زبان بولنے والے ملک اور قوم کو اُردو شناس بنانے کی جدوجہد۔ یہاں آتے ہی انہوں نے Non-Resident Indians کی انجمن کے سکریٹری کا عہدہ سنبھالا اور اپنے ہم وطنوں کے مسائل سلجھانے کی کوشش میں لگ گئے۔

خواجہ کمال الدین

حسن چشتی صاحب نے مجتبیٰ حسین کے سفر ناموں، خاکوں اور تحریروں کو کتابی شکل میں مرتب کر کے دُنیا بھر میں اُردو زبان کے قاری سے موجودہ اور گذشتہ صدی کے ممتاز ادیبوں، شاعروں اور مفکروں کا تعارف کروایا ہے۔ میرے نزدیک دُنیائے ادب میں ایسی کتابیں شاید ہی ملیں گی جن کا قاری اپنے دامن سے دانشوران علم و داب کا دامن منسلک محسوس کرے۔

(۱) ذکر حسن چشتی اور ان کے شکاگو کا

مجتبیٰ حسین

صاحبو! شکاگو سے ہندوستان آئے ہوئے ہمیں دس دن بیت چکے ہیں۔ تبدیلی آب و ہوا کی وجہ سے یہاں آتے ہی ہم بیمار پڑ گئے اور اب تک پڑے ہوئے ہیں۔ مگر اس عرصہ میں شکاگو اور شکاگو کے احباب بے پناہ اور ہر دم یاد آتے رہے۔ امریکہ کے سارے شہروں کے مقابلہ میں سماجی اور ثقافتی اعتبار سے شکاگو ہمیں بہت پسند ہے۔ وجہ اس کی یہ ہے کہ یہاں اُردو بولنے والوں کی جتنی بہتات ہے اس سے کہیں زیادہ بہتات حیدرآبادیوں کی ہے۔ نتیجہ یہ ہوا کہ امریکہ میں قیام کے دوران ہمیں یہ شہر جتنا پسند آیا، اتنا ہی اس سے خوفزدہ اور خائف بھی رہے۔ جہاں اتنے سارے اُردو بولنے والے اور اتنے سارے حیدرآبادی آباد ہوں وہاں ہم جیسے کم سواد کا اپنی عزت اور ناموس کو بچا کر صحیح و سالم واپس چلے آنا ایسا ہی ہے جیسے چراغ لے کر ہوا کے سامنے چلنا۔ ہمارے امریکہ پہنچنے سے پہلے ہی ہمدم دیرینہ حسن چشتی نے 'عثمانین' کے تعاون سے ہمارے جشن کے انعقاد کا اعلان کر دیا تھا جس کی روداد یں اخباروں میں چھپ چکی ہیں۔

پطرس بخاری نے اپنے ایک مضمون میں لکھا ہے کہ دوستی جب بہت پرانی ہو جاتی ہے تو دو دوستوں کے بیچ تبادلۂ خیال کی کوئی حاجت باقی نہیں رہ جاتی۔ حسن چشتی سے ہماری دوستی کی عمر بھی اب نصف صدی کا قصہ بنتی جا رہی ہے۔ ایسے دوستوں کو حق پہنچتا ہے کہ وہ ہمارے ساتھ جیسا چاہے سلوک کریں۔ آپ جشن کی بات کرتے ہیں ہم تو ایسے

دوستوں کے کہنے پر آتش نمرود میں بھی کود پڑنے کو تیار رہتے ہیں۔ بہر حال حسن چشتی اور ان کے رفقا نے ایک کامیاب محفل منعقد کی اور ہمارے بکھرے ہوئے سیکڑوں احباب کو جمع کیا۔ لیکن ہمیں یہ احساس ہر دم ستاتا رہا کہ حسن چشتی ہماری خاطر بلاوجہ ایک کھکیڑ میں پھنس گئے ہیں۔ ہم تو دوستوں کی محبتوں کو سمیٹنے کے لئے گئے تھے لیکن وہاں جاتے ہی ہمیں شکاگو کے حیدرآبادیوں اور اُردو بولنے والوں کی آپسی رنجشوں کو سننے اور سمیٹنے کا کام انجام دینا پڑا اور دلچسپ بات یہ ہے کہ ہر کوئی اپنی محبت ہم پر نچھاور کرنے کو بیتاب تھا۔ ایک بار تو حد ہوگئی کہ بعض احباب ایک ایوارڈ لے کر ہمارے بھائی کے گھر پر آگئے کہ صاحب آپ کی سہولت کے پیش نظر ہم کسی خاص تقریب میں ایوارڈ دینے کے بجائے آپ کو آپ کے گھر میں ہی ایوارڈ سے سرفراز کرنا چاہتے ہیں۔ گر قبول افتد زہے عزو شرف۔ تھوڑی دیر کے لئے ہم نے بھی سوچا اور جائز طور پر سوچا کہ بہر حال جو ایوارڈ محفل میں دیا جاتا ہے اسے آخر کار ڈھو کر گھر تو لانا ہی پڑتا ہے۔ کیوں نہ ایوارڈ کو قبول کر لیا جائے تاکہ گھر کی بات گھر میں ہی رہے۔ لیکن افسوس کہ اس دن ہمارے بھائی کے گھر میں پہلے ہی سے کوئی خوشگوار تقریب منعقد ہو رہی تھی چنانچہ ہمارے بھائی نے برملا معذرت کی کہ وہ ایک خوشگوار تقریب میں ایک ناخوشگوار تقریب کی ملاوٹ کرنا نہیں چاہتے۔ یہ ان کی مجبوری تھی۔ ہم کیا کر سکتے ہیں۔ بہر حال ہمارا ایک ایوارڈ شکاگو میں اب بھی رکھا ہوا ہے۔ کبھی جانا ہوا تو ساتھ لیتے آئیں گے۔ تاہم حسن چشتی کے بارے میں ہم اتنا ہی عرض کرتے چلیں گے کہ پچھلی نصف صدی میں ہم نے جب بھی حسن چشتی کو دیکھا نہ صرف دوست احباب اور رشتہ داروں بلکہ اجنبیوں تک کے کاموں میں سرگرداں اور غلطاں پایا۔ قدرت نے خدمت خلق کا جو جذبہ انہیں ودیعت کیا ہے وہ بہت کم کو نصیب ہوتا ہے۔ ہم جیسے تو دوستوں کے سکھوں میں ہمیشہ بڑھ چڑھ کر حصہ لیتے ہیں

لیکن حسن چشتی اکیلے ایسے دوست ہیں جو دوستوں کے دکھوں میں ضرورت سے کچھ زیادہ ہی شریک رہا کرتے ہیں۔ نتیجہ یہ ہوتا ہے کہ دوستوں کے دکھوں میں تو کمی واقع ہو جاتی ہے لیکن خود حسن چشتی کے دکھوں میں ضرور اضافہ ہو جاتا ہے۔

حسن چشتی ہمارے ان دوستوں میں سے ہیں جو پچھلے بیس اکیس برسوں سے رہتے تو دیار غیر میں ہیں لیکن کچھ اس ڈھنگ سے رہتے ہیں کہ کبھی ہمیں یہ احساس نہ ہونے دیا کہ وہ ہم سے ہزاروں میل دور رہنے لگے ہیں۔ اس عرصہ میں شاید ہی کوئی مہینہ ایسا گزرا ہو جب ان کا کوئی خط نہ آیا ہو اور اگر خط نہ آیا ہو تو ان کا کوئی فون نہ آیا ہو اور اگر فون نہ آیا ہو تو ان کا کوئی دوست نہ آیا ہو۔ سچ تو یہ ہے کہ ہم دونوں جب حیدرآباد میں رہتے تھے تو ان سے گہرے مراسم کے باوجود ہمارا ربط ضبط اتنا نہیں تھا جتنا کہ ان کے باہر چلے جانے کے بعد رہنے لگا ہے۔ جینے کی یہ ادا، پرانے دوستوں پر محبت نچھاور کرنے کا یہ سلیقہ، ہزاروں میل دور رہ کر بھی دوستوں کو اپنی رگ جان سے قریب رکھنے کا یہ اہتمام کتنا اچھا لگتا ہے۔ لیکن ہے ذرا مہنگا کام۔ ہمارے سینکڑوں قریبی دوست دنیا کے مختلف ملکوں میں بکھرے ہوئے ہیں۔ پانچ چھ برسوں میں کبھی خیریت کی اطلاع مل جاتی ہے تو خدا کا شکر ادا کرتے ہیں کہ ابھی تک بقید حیات ہیں (وہ بھی اور ہم بھی)۔ رشتے جب فاصلوں میں بٹ جاتے ہیں تو پہلے موہوم سے ہونے لگتے ہیں اور پھر وقت کے سمندر میں معدوم ہو جاتے ہیں۔ حسن چشتی ہمارے ان معدودے چند دوستوں میں سے ہیں جو برسوں پرانے رشتوں کو اسی طرح چمکا کر رکھنا جانتے ہیں جس طرح کوئی سلیقہ مند خاتون اپنے دیوان خانہ کے شوکیس میں سجی ہوئی نادر اشیاء کو ہر روز بڑے چاؤ سے جھاڑ پونچھ کر پھر وہیں رکھنا جانتی ہے۔ رشتہ کو ایک نادر اور نایاب شئے سمجھنے کا گر حسن چشتی صاحب کو خوب آتا ہے۔ ڈیڑھ برس پہلے ہمیں حسب معمول حسن چشتی کے دو تین خط ملے تھے جن میں

انھوں نے شکاگو میں 'سیاست فورم' کے قیام کی اطلاع دینے کے بعد ہم سے خواہش کی تھی کہ ہم اس فورم کے ذریعہ امریکہ میں اردو کی ترویج و ترقی کے لئے ضروری مشورے دیں۔ حسن چشتی کو معلوم ہے کہ خط نہ لکھنا ہماری پرانی ہابی ہے۔ چنانچہ کچھ عرصہ بعد انھوں نے شکاگو سے فون کر کے شکایت کی۔ "بھئی! تمہارے مشورے اب تک نہیں آئے۔ اردو کی ترقی رکی ہوئی ہے۔" ہم نے کہا "برادرم اگر ہم نے غلطی سے آپ کو صحیح مشورہ دے دیا تو آپ کا کیا ہو گا اور اگر ہمارے مشورے پر عمل کرنے سے اردو کی سچ مچ ترقی ہو گئی تو ایسی صورت میں ہمارا کیا ہو گا، ہم تو دونوں صورتوں میں مارے جائیں گے۔ کیونکہ ہم نے تو اب اردو کی زوال آمادگی کو منکوحہ کی طرح قبول کر لیا ہے۔ راضی بہ رضا رہنے لگے ہیں۔ جب سے ہم نے یہ پڑھا ہے کہ آپ امریکہ میں اُردو کی ترقی کے لئے کمربستہ ہو گئے ہیں تب سے ہم تشویش میں مبتلا ہیں۔ ہمیں اندیشہ ہے کہ آپ کی عملی دلچسپی سے کہیں سچ مچ اردو کی ترقی نہ ہو جائے کیونکہ آپ جس کام کا بھی بیڑا اٹھاتے ہیں اسے پورا کر کے رہتے ہیں۔ کیا ہم آپ سے واقف نہیں ہیں۔ پھر آپ جیسے ایماندار، دیانتدار، مخلص اور بے لوث آدمی کو یہ زیب نہیں دیتا کہ وہ اردو کی ترقی کے کاموں میں دلچسپی لینے لگے۔ یہ کام تو ہم جیسوں کے لئے چھوڑ دیجئے جو اردو کی ترقی کا کام کچھ اس ڈھنگ سے انجام دیتے ہیں کہ بالآخر ہماری اپنی شخصی ترقی کی راہیں خود بخود ہموار ہو جاتی ہیں۔ یہی وجہ ہے کہ اردو کے ادیب، شاعر اور پروفیسر تو بدستور ترقی کرتے جا رہے ہیں اور بیچاری اردو جہاں کی تہاں ہے۔" ہنس کر بولے "ہنسی مذاق کی تمہاری عادت کبھی نہیں جائے گی۔ یار کبھی تو سنجیدہ ہو جاؤ۔ مجھے تمہارے مشورے جلد از جلد درکار ہیں۔" اس کے جواب میں ہم حسب عادت ہنس کر خاموش ہو گئے تھے۔

ہمیں یہ بھولی بسری بات اس لئے یاد آ گئی کہ ہم اپنے مشوروں کی حقیقت کو اچھی

طرح جانتے ہیں۔ ہم کیا اور ہمارے مشورے کیا۔ اب اگر ہم صدق دل سے حسن چشتی کو یہ مشورہ دیں کہ وہ امریکہ میں اُردو کے فروغ کی خاطر ہر گھر میں ہماری تصانیف رکھوا دیں تو کیا وہ رکھوا دیں گے۔ اگر ہم یہ کہیں کہ امریکہ سے نکلنے والے ہر اُردو اخبار کا ایک خصوصی نمبر ہمارے بارے میں شائع کرائیں تو کیا وہ شائع کرا دیں گے۔ حالانکہ ایسے مشوروں سے ہمارا مقصد صرف یہ ہوتا ہے کہ ہماری پیاری اردو زبان کی ترقی ہو اور یہ پھلے پھولے۔ لیکن کیا کریں ہم جانتے ہیں کہ حسن چشتی ایسے بے لوث اور مخلصانہ مشوروں پر کبھی عمل نہیں کریں گے کیونکہ ہمارے دوست ہونے کے باوجود ایک جہاں دیدہ اور مردم شناس آدمی ہیں۔ ہم جیسوں کو خوب پہچانتے ہیں۔ کوئی بھی کام کرتے ہیں تو تن من دھن سے کرتے ہیں۔ بیس برس پہلے یہ سعودی عرب گئے تھے۔ وہاں جاتے ہی ایک 'بزم اردو' قائم کی۔ ادبی محفلیں آراستہ کیں۔ مشاعرے کئے اور کیا کیا نہ کیا مگر ہمیں نہ بلایا۔ عرب کے صحرا کی فضاؤں میں جہاں اذانیں گونجا کرتی تھیں وہاں "مکرر ارشاد" "چاہتا تو ہوں" "عرض کیا ہے" "ذرہ نوازی کا شکریہ" جیسی صدائیں گونجنے لگیں۔ حیدرآباد میں رہنے والے غریبوں کا خیال آیا تو ان کے لئے سعودی عرب سے استطاعت رکھنے والے اصحاب کے استعمال شدہ کپڑوں کی گٹھریاں باندھ باندھ کر حیدرآباد بھیجنے لگے۔ سنا ہے کہ اس زمانے میں اچھے بھلے لوگ بھی اس ڈر کے مارے ان سے نہیں ملتے تھے کہ کہیں وہ ان کے کپڑے اتار کر غریبوں کے حوالے نہ کر دیں۔ حیدرآباد اور جدہ کے درمیان راست فضائی سرویس شروع کرانے میں بھی موصوف کا ہاتھ رہا ہے۔ بعد میں وہ امریکہ گئے تو وہاں بھی خدمت میں لگ گئے۔ نتیجہ میں وہاں بھی وہ اعزازات اور انعامات سے نوازے جانے لگے۔ انھیں ملنے والے دو ایک اعزازات کی مبارک باد تو ہم نے انھیں ضرور دی مگر بعد میں جب دیکھا کہ یہ اعزازات ان کے لئے روزمرہ کا معمول

بنتے چلے جارہے ہیں تو ہم نے اپنی مبارک بادیوں کا ہاتھ کھینچ لیا۔ بھلے ہی اعزازات کو وصول کرنے والا انھیں وصول کرتے ہوئے نہ تھکتا ہو لیکن مبارک باد دینے والا تو تھک جاتا ہے۔ پھر دونوں میں فرق بھی تو ہوتا ہے۔

مانا کہ ادھر دس گیارہ برسوں میں حسن چشتی سے ہماری کوئی شخصی ملاقات نہ ہو سکی تھی لیکن اس کی تلافی اس طرح ہو جاتی تھی کہ آئے دن ان کی تصویریں اخباروں اور رسالوں میں چھپتی رہتی ہیں۔ مخفی مباد ہم حسن چشتی کو 'باتصویر حسن چشتی' کہتے ہیں۔ جب کتابیں باتصویر ہو سکتی ہیں، رسالے باتصویر ہو سکتے ہیں تو حسن چشتی باتصویر کیوں نہیں ہو سکتے۔ پھر وہ ایک ایسی وجیہہ وشکیل، جامہ زیب اور دیدہ زیب شخصیت ہیں کہ ان کی جتنی بھی تصویریں چھپیں وہ کم ہیں۔ ذرا بتائیے یہ سلمان خان، شاہ رخ خان، اکشے کمار وغیرہ کی اتنی ساری تصویریں آئے دن اخباروں میں آخر کیوں چھپتی رہتی ہیں۔ پھر حسن چشتی تو واقعی کام بھی کرتے ہیں صرف کام کرنے کی اداکاری نہیں کرتے۔ جو لوگ حسن چشتی کی تصویروں کی اشاعت پر ناک بھنوں چڑھاتے ہیں انھوں نے یا تو حسن چشتی کو نہیں دیکھا یا پھر خود آئینہ میں اپنی شکل نہیں دیکھی۔ وہ ان شاعروں میں ہیں جن کا نہ صرف کلام قابل اشاعت ہوتا ہے بلکہ تصویر بھی قابل اشاعت ہوتی ہے۔ ماشاء اللہ رنگ بھی ایسا سرخ و سپید پایا ہے کہ جو بھی اُنھیں پہلی بار دیکھتا ہے اُنھیں انگریز ہی سمجھ بیٹھتا ہے۔ برسوں پرانی بات ہے، حیدرآباد میں ہمارے ایک دوست نے حسن چشتی کو پہلی بار دیکھ کر کہا تھا۔ "یار! سارے شریف انگریز تو کب کے ہندوستان سے چلے گئے لیکن یہ انگریز اب تک یہاں کیا کر رہا ہے؟" غالباً حسن چشتی نے ہمارے دوست کی بات سن لی تھی۔ چنانچہ کچھ عرصہ بعد سچ مچ ہندوستان کو چھوڑ کر چلے گئے۔ حسن چشتی کی خوبی یہ ہے کہ وہ بلا لحاظ مذہب و ملت و جنس ہر ایک کو اپنا گرویدہ بنا لیتے ہیں۔ ہمارے شاعر دوست افتخار نسیم، جو

اصلاً پاکستانی ہیں، جب بھی شکاگو سے دہلی آتے ہیں اور ہم ان سے اپنے حیدرآبادی احباب کے بارے میں پوچھتے ہیں تو حسن چشتی کے سوائے کسی اور حیدرآبادی دوست کا ذکر نہیں کرتے۔ ان کی یہ شان محبوبی قابل رشک ہے۔ شکاگو میں ہمارے قیام کے آخری دنوں میں ہمارے پرانے دوست مصلح الدین سعدی بھی حیدرآباد سے وہاں آ گئے تھے۔ ان سے چونکہ حیدرآباد میں ہماری ملاقات نہیں ہو پاتی اس لئے سوچا کہ کیوں نہ شکاگو میں ان سے مل لیا جائے۔ حسن چشتی کا ذکر آیا تو انھوں نے ایک اچھی بات کی جو وہ اکثر کرتے رہتے ہیں۔ انھوں نے کہا کہ حسن چشتی نے اپنی زندگی میں جو کارنامے انجام دئے ہیں ان کا صرف بیس فیصد احاطہ ہی ان کی شائع شدہ تصویروں میں ہو سکا ہے۔ ان کے اسّی فیصد کارنامے ایسے ہیں جن کا تحریری طور پر ذکر ہونا اب بھی باقی ہے۔ غرض حسن چشتی ہمارے ان دوستوں میں سے ہیں جن کا خیال ذہن میں آتے ہی فاصلے کسی ویزا کے بغیر سمٹنے لگ جاتے ہیں اور وقت کسی گھڑی کی مدد کے بغیر پھیلنے لگ جاتا ہے۔

بہرحال شکاگو میں مختلف اوقات میں ہمیں کئی دنوں تک رہنے کا موقع ملا۔ ہم نہیں چاہتے تھے کہ شکاگو میں ہمارے لئے الگ سے کوئی محفل منعقد ہو۔ لیکن بھلا ہو عزیزی غوثیہ سلطانہ کا کہ انھوں نے بالآخر زندہ دلان شکاگو کے حوالے سے ایک تقریب کا اہتمام کر ہی ڈالا۔ انھوں نے کہا کہ شکاگو میں آپ کا جشن تو ہو چکا ہے۔ اب آپ کی روسٹنگ Roasting بھی ہونی چاہیے۔ روسٹنگ انگریزی اصطلاح ہے جس کے لغوی معنٰی بھُنائی اور کھنچائی وغیرہ کے ہوتے ہیں۔ خیر اس محفل میں ہماری روسٹنگ تو نہیں ہوئی البتہ حسب معمول Boosting ضرور ہوئی۔ ہم نے اور ہمارے دوست جلیل قادری نے تجویز رکھی تھی کہ زندہ دلان شکاگو کی اس محفل میں ہماری کھنچائی کے علاوہ سلیمان خطیب مرحوم کو بھی یاد کیا جائے۔ ضمیر جعفری مرحوم نے غوثیہ سلطانہ کے بارے میں

کہا تھا کہ یہ اردو ادب کی چاند بی بی سلطانہ ہیں۔ لیکن ہمارا خیال ہے کہ چاند بی بی سلطانہ کو اگر آج کے حالات میں شکاگو میں کسی ادبی محفل کے انعقاد کے لئے کہا جاتا تو وہ یقیناً ناکام ہو جاتی۔ اس محفل کے انعقاد کا سہرا غوثیہ سلطانہ کے حسن انتظام کے علاوہ ہمارے دوست جلیل قادری کی انتھک دوڑ دھوپ اور شکاگو کی ممتاز سماجی شخصیت راشد علی خان کی عملی دلچسپی کے سر جاتا ہے۔ برسوں پہلے ہمارے دوست محمود الحسن خان صوفی کی معرفت راشد علی خان سے حیدرآباد میں ہماری ملاقات ہوئی تھی۔ راشد علی خان نے زندہ دلان شکاگو کی خاطر ڈیوان پر واقع اپنا وسیع اور شاندار آڈیٹوریم مفت میں دے دیا تھا۔ راشد علی خان کا شمار شکاگو کی ذی حیثیت ہستیوں میں ہوتا ہے اور وہ ایسے کاموں کی آئے دن سرپرستی کرتے رہتے ہیں۔ ہم سے جب بھی ملے بڑی محبت اور گرم جوشی سے ملے۔ اس محفل میں نیاز گلبرگوی، حسن چشتی،ڈاکٹر مظفر الدین فاروقی، مصلح الدین سعدی، پرویز یداللہ مہدی، سید مصطفیٰ (ایڈوکیٹ)، شاہد اسحاقی، واجد ندیم، خورشید خضر، احسن قریشی اور کئی احباب نے اظہار خیال کیا۔ خطیب مرحوم ہمیں بے حد عزیز رکھتے تھے اور ان کے بچوں نے بھی اس تعلق خاطر کو برقرار رکھا ہے۔ امریکہ پہنچتے ہی ان کے فرزند شاہین خطیب اور بیگم سلیمان خطیب سے ہماری بات ہو گئی تھی بلکہ تقریباً روز ہی بات ہوتی رہی۔ نیویارک جانے سے پہلے ہم بطور خاص فلے ڈلفیا سے نیوجرسی گئے جہاں سلیمان خطیب کے پانچوں بیٹوں سے ہماری ملاقات ہوگئی۔ وہ اتوار کا دن تھا۔ سلیمان خطیب کے بڑے فرزند شاہین خطیب کے گھر ان کے باقی چاروں بیٹے یامین خطیب، تمکین خطیب، متین خطیب، اور تحسین خطیب اپنے اہل و عیال کے ساتھ جمع تھے۔ ہم مذاق مذاق میں خطیب بھائی سے کہا کرتے تھے کہ انھوں نے چھٹا بیٹا محض اس ڈر سے نہیں پیدا کیا کہ کہیں اس کا نام 'نمکین خطیب' نہ رکھنا پڑ جائے۔ تاہم وہ مساوات کے قائل تھے۔

پانچ بیٹے پیدا کیے تو پانچ بیٹیاں بھی پیدا کیں۔ ان بچوں کی خوشحال زندگی کو دیکھ کر کتنی خوشی ہوئی اس کا حال ہم کیسے بیان کریں۔ خیال آیا کہ کاش سلیمان خطیب آج زندہ ہوتے اور اپنے بچوں کی خوشیوں کو دیکھ پاتے۔ ان کی اولاد میں ڈاکٹر شمیم ثریا اور تحسین خطیب کو ادب سے گہرا شغف رہا ہے۔ تحسین خطیب تو ایک زمانہ میں لکھا بھی کرتے تھے۔ اس بار بھی تحسین خطیب نے باتوں باتوں میں ایک دلچسپ بات کہی۔ کہنے لگے کرکٹ میں 'میچ فکسنگ' تو اب شروع ہوئی ہے لیکن ہمارے اردو ادب میں تو ہمارے نام نہاد نقادوں کے ہاتھوں اس طرح کی 'فکسنگ' پرانی بات ہے۔ جسے چاہا منصب عطا کر دیا اور کسی کو ان کے خلاف کچھ کہنے کی توفیق عطا نہیں ہوئی۔ کیا ہی اچھا ہو کہ تحسین خطیب اس موضوع پر کچھ لکھیں۔

سلیمان خطیب کے بچّے جس طرح بیگم خطیب کی نگہبانی اور خدمت کرتے ہیں وہ نئی نسل کے لئے قابل تقلید بات ہے۔

(۲) حسن چشتی: ہر کسی کے کچھ نہ کچھ کام آنے کے لیے بے چین شخصیت

سید ہاشم علی اختر

میں مشاعروں سے پہلے ہونے والی تقریروں کا قائل نہیں ہوں، لیکن چوں کہ یہ مشاعرہ "جشنِ حسن چشتی" کے ضمن میں ہو رہا ہے لہٰذا مختصراً کچھ عرض کروں گا۔

کسی فرض شناس آدمی کے لیے کسی جلسے کی صدارت خود ایک مشکل کام ہوتا ہے، لیکن جب کوئی جلسہ آدھا سنجیدہ اور آدھا مزاحیہ ہو تو یہ کام اور مشکل ہو جاتا ہے۔ بہر حال میری یہ کوشش ہوگی کہ ان دونوں پہلوؤں کو پیشِ نظر رکھوں۔

چند دن پہلے عزیزم خلیل الزماں صاحب نے مجھ سے فون پر مشاعرہ میں شرکت کی خواہش کی اور میں نے اپنے پیروں کی تکلیف کی وجہ سے معذرت چاہی۔ خلیل صاحب نے کہا کہ زندہ دلان حیدرآباد آئے ہوئے ہیں۔ میں خاموش رہا، انہوں نے کہا: "مصطفی آئے ہیں، حمایت آئے ہیں اور خوامخواہ آئے ہیں" میں نے کہا کہ ان سب سے میرے بہت پرانے روابط ہیں مگر۔۔۔۔۔

خلیل صاحب نے جب دیکھا کہ زندہ دلان سے کام نہیں چل رہا ہے تو انہوں نے دوسرا حربہ چلایا اور سنجیدگان حیدرآباد کے نام لیے کہ ہاشم سعید آئے ہیں، ڈاکٹر صادق نقوی آئے ہیں۔ میں نے کہاں ہاں ان دونوں سے ملنا ہے۔ مگر۔۔۔ خلیل صاحب نے کہا کہ آپ کو صدارت کرنی ہے۔ میں نے اس خیال سے کہ مزید رشوت ملے گی تو کمیشن

قائم ہو جائے گا، ہاں کر دی۔

دوسرے دن ڈاکٹر توفیق انصاری صاحب کسی شادی کی دعوت میں ملے اور مجھ سے کہا کہ میں "جشنِ حسن چشتی" میں آ رہا ہوں۔ میں نے بتایا کہ میں مشاعرہ کے لیے آ رہا ہوں اور خلیل صاحب نے اس جشن کے بارے میں مجھ سے کچھ نہیں کہا۔ دوسرے دن خلیل صاحب نے پھر ٹیلی فون کیا کہ ان دونوں جلسوں کو ملا دیا گیا ہے۔ اس وقت میری سمجھ میں آیا کہ خلیل صاحب، حسن چشتی صاحب کا نام آخری رشوت کے طور پر استعمال کرنا چاہتے تھے، لیکن میں اس سے پہلے ہی راضی ہو گیا۔ میں آپ سب کو یقین دلاتا ہوں کہ اگر وہ حسن چشتی صاحب کا نام پہلے لے لیتے تو میں عذرِ لنگ بھی نہیں کرتا۔

بات یہیں ختم نہیں ہوتی۔ آج صبح صبح کسی نے یہ فون کیا کہ یہ کس بزرگ کا جشن ہے؟ میں نے کہا کہ کیا آپ کو پتہ نہیں کہ ہماری قوم امریکہ آنے کے بعد سے زندہ قوم ہو گئی ہے اور اپنے خدمت گزاروں کی قدر اِن کی زندگی ہی میں کرنے لگی ہے۔ یہ کوئی اور نہیں اپنے حسن چشتی ہیں۔ کچھ دیر بعد میری بیٹی نے یاد دلایا کہ میرے بال بہت بڑھ گئے ہیں اور چونکہ جلسے کی صدارت کرنی ہے اس لیے انہیں ترشوالوں۔ میں نے کہا نہ میں حسن چشتی کی طرح صاحبِ جمال ہوں نہ شاعروں کی طرح صاحبِ کمال۔ اگر بال بھی ان کی وضع کے نہ ہوں تو ان کی صحبت میں کیسے جاؤں گا۔

اب ذرا کام کی باتیں۔ میں حسن چشتی صاحب کے والدِ محترم مولوی سمیع احمد صاحب سے عثمانیہ یونیورسٹی میں اپنے زمانۂ طالب علمی (1938-44) میں واقف تھا۔ ان کی ایک خاص ہستی تھی اور وہ دفتر کے منتظم تھے، لیکن ان کے گورے چٹے رنگ اور ان کی وجاہت کی وجہ سے وہ اکثر پروفیسروں سے زیادہ جاذب نظر آدمی تھے۔ وہ آزادی کے مجاہدین کی طرح سفید کھدر کے لباس میں ملبوس رہتے تھے۔ اس زمانے میں صرف دو

چار بزرگ ایسے تھے جو حضور نظام کی رعایا ہونے کے باوجود اور حکومت کی پالیسی کے خلاف مغربی کپڑوں کا بائیکاٹ کر کے کھدر پہنتے تھے، ان میں بیرسٹر اکبر علی خاں، نواب میر احمد علی خاں، پروفیسر جعفر حسن اور چند دیگر لوگ شامل تھے۔ ان کے مقابلے میں ایک ہم لوگ ہیں کہ بظاہر مغرب کے مخالف ہیں، لیکن ہجرت کر کے مغرب کو بسا رہے ہیں اور مغرب کی ہر ایجاد کی ہوئی چیز کو مغرب کے قرض کے نظام سے خرید کر ہمیشہ مقروض رہتے ہیں اور پھر اس قرض کی وجہ بتا کر مغرب کو بُرا کہتے رہتے ہیں۔

مولوی سمیع احمد صاحب طالب علموں کی بڑی مدد کیا کرتے تھے اور اس لیے ہم لوگ بھی ان کی عزت کرتے تھے۔ چشتی صاحب مجھ سے عمر میں چھ سال چھوٹے ہیں، لیکن یہ نہ تو میری طالب علمی کے زمانے میں یونیورسٹی میں تھے اور نہ ہی میری وائس چانسلری کے زمانے میں۔ انجینئرنگ کے طلبہ میں میرے جو عزیز تھے ان سے ان کی خبر ملتی رہتی تھی کہ یہ بھی اپنے والد محترم کی طرح سب کی مدد کرتے رہتے تھے۔ ویسے ان سے چند مرتبہ ملاقات ضرورت ہوئی تھی۔

ہم ہندوستانی مغربی قوموں کے رنگ کے تعصب کا ذکر کرتے رہتے ہیں لیکن رنگ کی جو اہمیت برصغیر میں ہے اس کا مجھے ذاتی تجربہ ہے۔ میرے رنگ کی وجہ سے جب تک میں سیول سروس میں منتخب نہیں ہوا تھا اور محض لکچرر تھا، شادی کی مارکٹ میں میری کوئی قدر نہیں تھی۔ لیکن امتحان مقابلہ میں اوّل آتے ہی سارے نواب خاندان مجھ میں دلچسپی لینے لگے۔ اسی طرح شادی کے اشتہاروں میں لڑکی کے فیر کلر ہونے کا ذکر لوگوں کو متوجہ کرلیتا ہے اور یہ کمزوری مجھ میں بھی ہے۔ میں جب کسی سے ملتا ہوں تو اس کا گورا رنگ مجھے متاثر کرتا ہے۔ حسن چشتی گورے ہی نہیں خوش جمال بھی ہیں۔ ہمارے زمانے میں مخلوط تعلیم نہیں ہوا کرتی تھی، اس لیے ہمارے وقتوں کے لوگ صرف حُسن دیکھتے

ہیں صنف نہیں دیکھتے۔ لہٰذا حسن چشتی کا پہلا حربہ ان کی وجاہت ہے اور پھر آدمی ان کی دوسری خوبیوں سے واقف ہونے لگتا ہے۔

میں نے کئی برس پہلے ریڈرس ڈائجسٹ میں ایک مضمون پڑھا تھا، عنوان تھا۔

"They retired and got busy"

اُس میں ایسے لوگوں کا ذکر تھا جو ریٹائر ہونے کے بعد اپنی پچھلی زندگی سے زیادہ کامیاب رہے۔ حسن چشتی اس کا ایک اچھا نمونہ ہیں۔ قبل از وقت ملازمت سے وظیفہ لینا ہمت کا کام ہے اور پھر اس عمر میں ایک نہیں دو دفعہ ہجرت کرنا کسی بے ہمت سے ممکن نہیں ہے۔ سعودی عرب اور امریکہ میں جو کام انہوں نے کئے، اس کی تفصیل آپ سن چکے ہیں۔ ۱۹۹۱ء میں جب میں یہاں مہاجر بن کے آیا تو مجھے محسوس ہوا کہ حسن چشتی شکاگو ایریا میں حیدرآباد کے پبلک ریلیشنز آفسر P۔R۔O ہیں۔ مجھے کئی لوگوں نے بتایا کہ انہوں نے میرا پتہ یا ٹیلی فون نمبر حسن چشتی سے حاصل کیا۔ چار پانچ خطوط میرے پاس ایسے آئے جن میں کسی نے اپنی لڑکی کے لیے بر کی تلاش یا زر کی تلاش میں خط لکھا تھا یا اور کسی مدد کے لیے اور انہوں نے لکھا تھا کہ حسن چشتی صاحب کو بھی خط لکھا ہے۔

سرکاری ملازمت کی تعریف کسی نے کی ہے کہ وہ مفلسی اور گمنامی کا نام ہے۔ برصغیر کی یونیورسٹیوں کی ملازمت مفلسی اور بدنامی کا نام ہے۔ حسن چشتی نے یہاں آکر تجارت شروع کی اور اللہ کے فضل سے تیزی سے ترقی کر رہے ہیں، لیکن مفلسی کے دور کے بعد اس افراطِ زر نے ان کے جسم پر کوئی اثر نہیں کیا اور خوش حالی کے باوجود ان کی خوش اخلاقی باقی رہی اور وہ افراطِ جمال میں مبتلا نہیں ہوئے۔ آپ نے افراطِ زر Inflation کی اصطلاح تو سنی ہو گی۔ عام لوگ عمر اور دولت میں اضافہ کے ساتھ افراطِ جمال میں مبتلا ہو جاتے ہیں۔ میں افراطِ جمال کی تعریف اس طرح کرتا ہوں کہ اگر کوئی حسین شخص موٹا

ہو جائے تو جس طرح روپیہ کی قوت خرید میں کمی ہو جاتی ہے، حسن یا Charm کی مجموعی مقدار تو وہی رہتی ہے، لیکن اس کی فی مربع انچ مقدار کم ہو جاتی ہے۔ ان کی خوش اخلاقی شاید کنول پرشاد کنول کے اس شعر کی مصداق ہے کہ:

ملو ہر ایک سے ایسے کہ پھر ملیں نہ ملیں
نہ جانے کونسا لمحہ بلانے آ جائے

حسن چشتی ادیب بھی ہیں اور شاعر بھی اور کتنے ہی اُردو اخباروں اور رسالوں کے نمائندے کی حیثیت سے اُردو ادب کی خدمت اس ملکِ فرنگ میں کر رہے ہیں اور حیدرآبادی تہذیب کے نمائندے کی حیثیت سے ہر مذہب اور قوم کے لوگوں میں ہر دلعزیز ہیں۔

میری دُعا ہے کہ اللہ تعالیٰ ان کو صحت اور عمر دراز عطا فرمائے اور وہ اسی طرح اپنے ہر مشغلہ میں کامیاب و کامران رہیں۔

میں اپنی تقریر وہاج الدین شمیم صاحب کے دو اشعار پر ختم کرتا ہوں جن کے تحت مولوی سمیع احمد صاحب کام کیا کرتے تھے۔ ان کی اور حسن چشتی کی زندگی ان دو اشعار کی تفسیر معلوم ہوتی ہے۔

تمنا یہ نہیں ہے کام کچھ نایاب ہو مجھ سے
دُعا یہ ہے شگفتہ خاطرِ احباب ہو مجھ سے
پھروں میں چشمہ سا دُنیا میں سرگشتہ و آوارہ
کوئی سوکھی ہوئی کھیتی کبھی سیراب ہو مجھ سے

(۳) حسن چشتی

شاہ بلیغ الدین (کنیڈا)

جامعہ عثمانیہ کی آخری اسٹرائیک کے بالکل ابتدائی دن تھے ابو الخیر صدیقی اس وقت انجمن طلبائے قدیم جامعہ عثمانیہ کے معتمد عمومی تھے۔ وہ میرے پاس آئے اور مجھے ایک صاحب سے ملانے لے چلے۔ ملے پلی کے ایک مکان پر ہم گئے اور وہاں سمیع احمد صاحب سے ملاقات ہوئی۔ سرخ و سفید رنگت کے آدمی تھے۔ اوسط قد تھا، اس وقت پچاس سے کچھ بڑی عمر کے ہوں گے۔ بڑے اخلاق اور بڑی تواضع سے ملے۔ عرصے تک جامعہ عثمانیہ کے شعبہ تدریسی میں منتظم رہے تھے، ان دنوں کلیہ طبیہ کے منتظم تھے۔ انہوں نے جامعہ کے انتظامی شعبوں میں بعض بد عنوانیوں کی نشاندہی کی۔ ان سے گفتگو کر کے یہ بھی اندازہ ہوا کہ ہماری جامعہ پوری طرح مملکت کے بیوروکریٹس یا نوکر شاہی کے چنگل میں پھنسی ہوئی تھی۔ یہی وہ بات تھی جس نے ہمیں اسٹرائیک پر ابھارا تھا۔ بالآخر ہم پرو وائس چانسلر کے بجائے وائس چانسلر کا تقرر کرانے میں کامیاب ہو گئے۔ سمیع احمد صاحب زندگی بھر حیدرآباد میں رہے، یہیں پلے بڑھے۔ ان کے بزرگوں کا تعلق البتہ صوبہ بہار سے تھا۔ عرصے بعد معلوم ہوا کہ وہ حسن چشتی کے والد ہیں۔ حسن چشتی کی پیدائش، تعلیم و تربیت سب حیدرآباد کی ہے۔ ۱۹۵۰ء میں وہ بی اے کر کے فارغ ہوئے تو جامعہ عثمانیہ میں ہی ملازم ہو گئے۔ بخت و اتفاق سے انہیں پروفیسر ضیاء الدین انصاری کے ساتھ کام کرنے کا موقع ملا۔ وہاں انہوں نے کام ہی نہیں سیکھا بلکہ آداب و

اخلاق، حسن سلوک، ہمدردی اور دوسروں کے کام آنے کی تربیت بھی پائی۔

تذکرہ عثمانین کے لئے مواد جمع کرنے میں مجھے بڑے پاپڑ بیلنے پڑے۔ اس ضمن میں میرے بیانات اخبار سیاست حیدرآباد کے کالموں سے نکال کر لاس اینجلس کے اخبار پاکستان لنک میں بھی منتقل ہوئے تو امریکہ سے ایک صاحب مجھے ایک ایک دو دو کر کے چند عثمانین کے کوائف بھیجنے لگے۔ ان کا نام میرے لئے اجنبی تھا کہ معلوم ہوا وہ کون ہیں اور جامعہ عثمانیہ کے لئے ان کے دل میں اتنی تڑپ کیوں ہے؟ انہوں نے اٹھائیس (۲۸) سال جامعہ عثمانیہ میں کام کیا تھا۔ ۱۹۷۸ء میں وہ جامعہ کی ملازمت سے وظیفہ، حسن خدمت پر سبکدوش ہوئے اور سعودی عرب سدھارے۔ کوئی سات آٹھ سال جدہ کی ایک مشہور کمپنی میں ملازمت کے بعد وہ ۱۹۸۶ء میں امریکہ منتقل ہو گئے۔ یہاں انہیں اپنے قیام کے لئے شکاگو پسند آیا۔

ادب اور شاعری کا چسکا انہیں طالب علمی کے زمانے ہی سے پڑ چکا تھا۔ شاذ تمکنت ان کے ہم محلہ اور دن رات کے ساتھی تھے کچھ اثر ان سے قبول کیا، کچھ دن انہوں نے روزناموں اور ادبی رسالوں کے دفتروں میں بھی گزارے جہاں پڑھے لکھوں کا ساتھ رہا۔ جگہ جگہ اپنے علمی ادبی ذوق کی تسکین کے لئے انجمنیں بناتے اور محفلیں سجاتے رہے۔ جدہ میں بھی انہوں نے ایک بزم اردو بنائی شکاگو میں بھی مختلف علمی ادبی کاموں میں وہ پیش پیش رہتے ہیں۔ وہ شکاگو میں پاکستان لنک کے بیورو چیف بھی ہیں۔ ۱۹۸۸ء میں انہوں نے اسرار الحق مجاز ایوارڈ حاصل کیا۔ یہ اعزاز انہیں دہلی میں منعقدہ عالمی مشاعرہ میں دیا گیا۔ وہ اس مشاعرے میں امریکہ کے اردو بولنے والوں کی نمائندگی کر رہے تھے۔ ۱۹۹۶ء میں جب مجھے شمالی امریکہ میں توسیعی تقریروں کی دعوت ملی تو شکاگو والوں نے بھی مجھے مدعو کیا۔ یہاں کی انجمن طلبائے قدیم جامعہ عثمانیہ میں خلیل الزماں

اور ڈاکٹر توفیق انصاری اور دیگر احباب کے ساتھ حسن چشتی بھی سرگرم عمل ہیں۔ اس دورے میں سیرت کے جلسوں کے علاوہ عثمانین انٹر نیشنل یعنی انجمن طلبائے قدیم جامعہ عثمانیہ شکاگو سے بھی خطاب کرنے کا موقع ملا۔ پروفیسر محمود حسین صاحب کی صدارت میں ایک خصوصی تقریب کا اہتمام ہوا جس میں میری قدر افزائی کی گئی۔

حسن چشتی صاحب بڑھاپے کی منزلوں سے گزر رہے ہیں لیکن جوانوں سے زیادہ فعال اور بڑے چاق و چوبند رہتے ہیں۔ شکاگو کی ایک بڑی شاہراہ ہے جس کے تین حصے ہیں۔ اس کا ایک حصہ قائد اعظم روڈ کہلاتا ہے۔ یہاں مسلمانوں کی ہوٹلیں، دوکانیں اور بہت سی انجمنوں کے دفاتر واقع ہیں۔ پاس ہی اس شہر کی سب سے بڑی جامع مسجد بھی ہے۔ اس شاہراہ پر حسن چشتی صاحب کا بھی بڑا اسٹور ہے۔ شہر کے مضافات میں ان کا اپنا گھر ہے جہاں وہ اپنی بیوی اور بچوں کے ساتھ آسودہ زندگی گزار رہے ہیں۔

اوسط قد، صحت مند جسم جثہ، چوڑا چہرہ، کشادہ پیشانی، گندمی رنگ، عقابی آنکھیں، ناک کچھ موٹی، دہانہ ذرا بڑا، حسن چشتی تجربہ کار، مرنجان مرنج، ادب و تمیز کے آدمی ہیں۔

(۴) امریکہ میں نمائندۂ دکن : حسن چشتی

سید عارف حسینی (کیلیفورنیا، امریکہ)

اگر اُردو ادب کی تاریخ لکھی جائے اور اُس میں حیدرآبادی ادیبوں اور شاعروں کا ذکر نہ کیا جائے تو یہ تاریخ نامکمل رہے گی۔ سلطان قلی قطب شاہ(اُردو کا پہلا صاحبِ دیوان شاعر) سے لے کر میر عثمان علی خاں (آخری فرمانروائے دکن) تک ہر حاکم یا بادشاہ صاحب سخن گزرا ہے۔ نہ صرف یہ بلکہ حیدرآباد ہندوستان کے مشہور و معروف شاعروں اور ادیبوں کا ملجاوماوا رہا ہے جہاں ان لوگوں کی ایسی پذیرائی اور قدر افزائی ہوئی جو ان کو خود اپنے ملک یا وطن میں بھی میسر نہ ہو سکی۔ اس علم و فن کی قدر دانی اور حوصلہ کے پیش اگر حیدرآباد نے خود کئی مشہور ادیب اور شاعر پیدا کئے ہوں تو یہ اس سرزمین کی خاصیت کا تقاضا ہے۔

اُردو زبان اور ادب کی ترویج کے لیے جو کوشش اور سعی حیدرآباد میں ہوتی رہی اس کی ایک زندہ اور شاندار مثال عثمانیہ یونیورسٹی ہے جس کا ذریعہ تعلیم اُردو قرار دے کر اُردو کے مستقبل کی ضمانت دے دی گئی جہاں سے ایسے سپوت نکلے جو اُردو زبان اور ادب کے سچے خدمت گزار اور علم بردار ثابت ہوئے اور آج بھی ہو رہے ہیں جو حیدرآباد سے دور مشرقی اور مغربی مالک میں اُردو ادب اور زبان کی ترویج و ترقی میں ہمہ تن مصروف ہیں۔ ایسے سپوتوں پر جب میری نظر پڑتی ہے تو ان میں سب سے پہلے مجھے مادر جامعہ کے مایہ ناز سپوت جناب حسن چشتی نظر آتے ہیں جن کا سرسری تعارف میں یہاں ضروری

سمجھتا ہوں جو اس وقت وطن سے بہت دور امریکہ کی ریاست شکاگو میں قیام پذیر اور اُردو زبان و ادب کی خدمت میں سر گرم ہیں۔ چشتی صاحب نے جامعہ عثمانیہ سے بی۔ اے کی ڈگری حاصل کی اور تقریباً ۲۸ سال تک اُسی یونیورسٹی کے مختلف شعبوں سے منسلک رہے۔ ۱۹۷۸ء میں وظیفہ حسن خدمت حاصل کر کے سعودی عرب کو ہجرت کر گئے اور اپنے فطری ذوق اور علمی شوق کے لحاظ سے وہاں کی شاہ عبد العزیز یونیورسٹی سے وابستہ رہے، جہاں دو سال تک کارگزار رہنے کے بعد وہ جدہ کی ایک مشہور کمپنی میں ملازم ہو گئے جہاں انہوں نے ۵ سال تک اپنے فرائض بہ حسن و خوبی انجام دیے اور بقول شاعر (مصرعہ اولیٰ میں صرف پہلے لفظ کی تبدیلی کے ساتھ)

چشتی بہ دشت و کوہ بیاباں غریب نیست
ہر جا کہ رفت خیمہ زد وبارگاہ ساخت

انہوں نے اس عربی زبان بولنے والے ملک اور باشندوں کے درمیان اُردو کی ترویج و ترقی کو پیش نظر رکھتے ہوئے ایک بزم اُردو اور حیدرآباد اسوسی ایشن قائم کر ڈالی اور ۵ سال تک خود ان دونوں انجمنوں کے صدر رہے۔

ایک عربی زبان بولنے والے ملک میں اُردو زبان سے وابستہ دو انجمنوں کا قیام بظاہر ایک عجیب اور صبر آزما کام معلوم ہوتا ہے لیکن چشتی صاحب کے لیے یہ مہم بھی اس لیے آسان تھی کہ وہ ایک عزم صمیم اور اٹل قوت ارادی کے حامل شخص ہیں اور اس کے ساتھ ادب و شعر و سخن کا ذوق و شوق ان کی فطرت ثانی بن گیا تھا۔ علاوہ ازیں طالب علمی کے زمانے ہی سے ان کو مشہور شاعروں، ادیبوں اور صحافیوں کی ہم نشینی اور صحبت حاصل رہی۔ بے لوث سماجی، ادبی اور رفاہی خدمات کا جذبہ ان کی فطرت میں کوٹ کوٹ کر بھرا ہوا ہے اور وہ حیدرآباد میں اپنے ذوق و شوق کی تکمیل کے لیے کئی اداروں،

رسالوں اور اخباروں کے لیے کام کرتے رہے۔ ایک عرصہ تک وہ "پاسبان" اور "آکاش" جیسے ادبی ماہناموں کے لیے ادارت کے فرائض انجام دیتے رہے۔ جو شخص ایسے ستودہ اوصاف و خصوصیات کا حامل اور فعال ہو اس کے لیے وطن یا بے وطنی، زبان و مکان کی قید وغیرہ جیسی باتیں کوئی معنی نہیں رکھتیں۔ نو سال تک جدہ میں مقیم اور کارگزار رہنے کے بعد وہ شمالی امریکہ کے شہر شکاگو منتقل ہو گئے جہاں وہ آج تک سکونت پذیر ہیں۔ یہ ان کی دوسری ہجرت تھی، لیکن ان کے جذبات واحساسات میں ان ہجرتوں سے رمق برابر فرق نہ آسکا بلکہ ان ہجرتوں اور انقلابوں نے ان کے نیک ارادوں اور بے لوث ادبی، سماجی، رفاہی اور عوامی خدمات کو اور زیادہ مستقل اور غیر متزلزل بنا دیا جیسا کہ ان کی حالیہ زندگی سے ظاہر ہے۔

۱۹۸۶ء میں شکاگو منتقل ہونے کے بعد "خاموش نہ بیٹھے گا مغرب میں جنوں میرا" کہتے ہوئے چشتی صاحب نے شکاگو کی مختلف ادبی و سماجی اداروں اور انجمنوں سے اپنا رشتہ جوڑ لیا اور اپنے ہمہ گیر اور پر خلوص طور و طریق اور حسن اخلاق سے بہت جلد ہر دلعزیزی حاصل کر لی۔ یہ ان کی اُردو ادب و زبان کی ترویج و ترقی کی دوسری مہم تھی۔ یعنی عرب کی سرزمین میں اُردو زبان کو متعارف کر دینے کے بعد مغرب یعنی انگریزی زبان بولنے والے ملک اور قوم کو اُردو شناس بنانے کی جدوجہد۔ یہاں آتے ہی انہوں نے Non-Resident Indians کی انجمن کے سکریٹری کا عہدہ سنبھالا اور اپنے ہم وطنوں کے مسائل سلجھانے کی کوشش میں لگ گئے۔ اس کے علاوہ نوٹری پبلک کی خدمت بھی دس سال تک انجام دیتے رہے۔ شکاگو کے کتب خانوں میں اُردو کے علاوہ ہندی، گجراتی، بنگالی اور دوسری ہندوستانی زبانوں کی کتابوں کی فراہمی چشتی صاحب کی ہی کوشش کا نتیجہ ہے اور یہ صاحب بزمِ اُردو شکاگو کے بانی اور معتمد عمومی بھی ہیں۔ ایک اچھے شاعر

ہونے کے ناطے وہ کئی مقامی و غیر مقامی مشاعروں میں حصہ لیتے رہے ہیں۔ ۱۹۸۸ء میں دہلی میں منعقدہ عالمی مشاعرہ میں امریکہ کے نمائندہ کی حیثیت سے شرکت کی تھی اور اس موقع پر انہیں "اسرار الحق مجاز" عالمی ایوارڈ دیا گیا تھا۔

۱۹۹۶ء میں قدیم طلباء جامعہ عثمانیہ کی انجمن کے زیر اہتمام انہی کی صدارت میں ایک شاندار مشاعرہ منعقد کیا گیا تھا جو بہت کامیاب رہا۔ اس موقع پر انہیں نمائندۂ دکن کا اعزاز عطا کیا گیا۔ اُسی سال شہر شکاگو کی جانب سے ان کی سماجی خدمات کے اعتراف میں ایک سرکاری ایوارڈ بھی دیا گیا جس کے وہ حقیقی طور پر مستحق تھے۔ ۱۹۹۷ء میں ایلڈرس کونسل آف انڈیا نے "آرکیٹکٹ آف اُردو" کا ایوارڈ عطا کیا۔ ۱۹۹۹ء میں ایک نیم سرکاری تنظیم کا دو سال کے لیے ڈائرکٹر مقرر کیا گیا۔ لاس اینجلس کی امریکن اُردو رائٹرس سوسائٹی اور اُردو رائٹرس سوسائٹی آف کیلفورنیا کی جانب سے بھی چشتی صاحب کو دو دفعہ "لائف ٹائم ایچیومنٹ" ادبی ایوارڈ دیا گیا ہے۔

حسن چشتی صاحب کے ادبی اور تالیفی کارناموں میں ان کا حالیہ اور تازہ ترین کارنامہ ان کی وہ تالیف ہے جس میں انہوں نے ہندوستان کے معروف طنز و مزاح نگار جناب مجتبیٰ حسین کے چالیس سالہ کالموں کو اکٹھا کر کے "مجتبیٰ حسین کی بہترین تحریریں" کے نام سے چار جلدوں میں مرتب اور شائع کروایا ہے جو اُردو ادب کے طنز و مزاح کی تاریخ میں ایک خوش گوار اضافہ ہے اور جس کی خاطر خواہ پذیرائی ہو رہی ہے۔

یہاں تک تو تھی حسن چشتی کی علمی، ادبی، ثقافتی، صحافتی، سماجی، رفاہی اور اصلاحی کارگزاریوں اور مصروفیتوں کی مختصر اور نامکمل داستاں۔ اس سلسلہ میں اگر میں حسن چشتی کی شخصیت پر بھی ایک سرسری نظر ڈالے بغیر گزر جاؤں تو یہ میری ناقابل درگزر کوتاہی ہو گی۔

حسن چشتی صاحب سے میری پہلی ملاقات آرنج کونٹی کی اس ہوٹل میں ہوئی جہاں ان کو کیلیفورنیا کی اُردو رائٹرس سوسائٹی کی جانب سے ادبی ایوارڈ دینے کے لیے ایک تقریب کا اہتمام کیا گیا تھا جس میں مقامی اور غیر مقامی شعراء اور ادیب شریک تھے۔ ویسے تو چشتی صاحب سے ٹیلیفون پر متعدد مرتبہ میری گفتگو ہو چکی تھی اور میں ان کے نرم و نازک لہجہ اور طرز گفتگو سے واقف ہو چکا تھا اور بعض احباب سے ان کی تعریف و توصیف بھی سن چکا تھا لیکن ان کو دیکھنے اور ان سے ملنے کے بعد فارسی کا یہ ضرب المثل شعر۔

شنیدہ کئے بود مانند دیدہ
ترا دیدہ و یوسف را شینندہ

بلا ارادہ نوکِ زبان پر آگیا۔ رنگ روپ، قد و قامت، وضع قطع اور لباس سے وہ بالکل حیدرآبادی انگریز لگ رہے تھے، لیکن ان کی مسکراہٹ کے پیچھے وہ مکر و فریب کا شائبہ تک بھی نہیں تھا جو انگریزی مسکراہٹ میں پوشیدہ ہوتا ہے۔ ایک امریکی صدر کا قول ہے کہ گفتگو میں نرم الفاظ استعمال کرو لیکن ہمیشہ بغل میں ڈنڈا رکھو۔ یہی اصول انگریزی سیاست اور دوستی میں مشترک نظر آتی ہے۔ لیکن اس حیدرآبادی انگریز کے چہرے پر پھیلی ہوئی ہمہ وقتی مسکراہٹ اور اس کا نرم و نازک لہجہ اس کی منکسر المزاجی، اس کے بے ساختہ اور بے لوث خلوص و پیار کی غمازی کر رہا تھا جو ہر ملنے والے کو مقناطیس کی طرح اپنی طرف کھینچ لیتا ہے۔

حسن چشتی صاحب کے ظاہری اور باطنی اوصاف و خصوصیات میں سب سے عمدہ اور قابل تعریف وہ جذبات و احساسات ہیں جن کو عرف عام میں ہمدردی و غم خواری کہا جاتا ہے جو " تانہ بخشد خدائے بخشندہ " کے سوا عام انسانوں میں نہیں ملتے۔ دوسروں کے

غم کو اپنا غم اور دوسروں کی تکلیف کو اپنی تکلیف سمجھنا حسن چشتی صاحب کی زندگی کا اصول بن گیا ہے۔ چنانچہ وہ خود اپنے شعر میں اس کے معترف ہیں۔

پرائے درد کو اپنا ہی درد جانا ہے
ہم اہل درد کا رشتہ بڑا پرانا ہے

اور یہ بھی کہ:

جہاں نہ ٹھیس لگے دل کے آبگینوں کو
وہی قبیلہ ہے اپنا وہی گھرانہ ہے

اور یہ بھی کہ:

دُکھ درد کسی کا بھی ہو اپنا سا لگے ہے

منشی امیر مینائی نے بھی شاید ایسے ہی جذبات سے متاثر ہو کر کہا تھا۔

خنجر لگے کسی کو تڑپتے ہیں ہم امیرؔ
سارے جہاں کا درد ہمارے جگر میں ہے

انسانی، سماجی اور ثقافتی مصروفیات کے باوجود اُردو زبان اور ادب کی ترویج و ترقی میں ہمہ تن اور ہمہ وقتی انہماک ہر کس و ناکس کے بس کی بات نہیں۔ میری دُعا ہے کہ حسن چشتی مکمل صحت و تندرستی کے ساتھ ہمیشہ ہمیشہ سلامت رہیں کیونکہ۔

گیسوئے اُردو ابھی منت پذیر شانہ ہے
شمع یہ سودائی دل سوزی پروانہ ہے

(۵) حسن چشتی

پروفیسر شمیم علیم

کئی بار ایسا ہوتا ہے کہ انسان اپنے حالات سے تھک جاتا ہے، بیزار ہو جاتا ہے۔ اس کی طبیعت میں ایک بے کیفی سی پیدا ہونے لگتی ہے۔ وہ چاہتا ہے کہ کوئی اس کی کیفیت کو سمجھے، اسے تسلی دے، اسے اندھیرے سے نکلنے میں مدد کرے، لیکن کون ہے وہ۔۔۔۔؟ بیوی۔۔۔۔۔! نہیں۔۔۔۔۔ شاید وہ ان لطیف جذبات کو سمجھنے سے قاصر ہے۔ ادبی دُنیا سے اُسے دور کا بھی لگاؤ نہیں اور خاص کر جب "زبانِ یارِ من ترکی و من ترکی نمی دانم" والی بات ہو۔ بیوی کی دُنیا تو چولھے، چکی اور منا، منی تک ہی محدود ہو کے رہ جاتی ہے اور جہاں معاملہ بیوی کا ہو۔۔۔۔۔ وہاں شوہر بھی ساتھ نہیں دیتا۔ وہ اپنی دُنیا میں کھویا رہتا ہے اور یہ تصور بھی نہیں کر سکتا کہ بیوی کی دُنیا اس کی دُنیا سے الگ بھی ہو سکتی ہے:

یارب وہ نہ سمجھے ہیں نہ سمجھیں گے میری بات

اور پھر اس تاریکی میں اچانک ہاتھ فون کی طرف چلا جاتا ہے۔ نمبر ملاتے ہی دوسری طرف سے آواز آپ کے اندر ایک اعتماد، ایک ہمت پیدا کر دیتی ہے۔ دھیرے دھیرے آپ کے اندھیرے اُجالوں میں بدلنے لگتے ہیں۔ ہونٹوں پر مسکراہٹ آنے لگتی ہے۔ آنکھوں میں ایک چمک پیدا ہو جاتی ہے اور آپ کو اپنا مستقبل شاندار نظر آنے لگتا ہے۔ نمبر تو یاد ہے نا آپ کو حسن چشتی صاحب کا۔۔۔۔۔!

آج کل اخباروں میں لندن کے ایک پیر صاحب کا اشتہار نظر آ رہا ہے۔ لندن میں

بیٹھ کر وہ آپ کی تمام تکالیف کا علاج صرف ایک ہفتے میں کر دیتے ہیں۔ اگر اس سے ملتا جلتا ایک اشتہار حسن چشتی صاحب کے لیے بھی دے دیا جائے تو بہت سے ٹوٹے دِلوں کی ڈھارس بندھ جائے۔ ویسے بغیر اشتہار کے بھی ہر ایرا غیرا ان کا نمبر ملا ہی لیتا ہے۔ کام کسی کا بھی ہو، وہ دوڑے چلے جاتے ہیں (شکر ہے خدا کا کہ ابھی تک ان کے گھٹنے سلامت ہیں) فون کا بل، ڈاک کے پیسے، یہ سب ان کے ذمّے۔ وہ تو ہر وقت اسی فکر میں رہتے ہیں کہ دوسروں کی تکالیف کس طرح کم کی جاسکتی ہیں، کس طرح دوسروں کی بے کیف زندگیوں میں تھوڑا سا رنگ بھرا جا سکتا ہے اور سچ پوچھیے تو یہ ایک بہت بڑی عبادت ہے۔ اپنے لیے تو سب جیتے ہیں لیکن حسن چشتی صاحب دوسروں کے لیے جیتے ہیں اور جو دوسروں کے لیے جیتے ہیں وہ زندۂ جاوید ہو جاتے ہیں لیکن اس طرح کے لوگوں کا ملنا بہت مشکل:

بڑی مشکل سے ہوتا ہے چمن میں دیدہ ور پیدا

عموماً خدمتِ خلق کا جذبہ آدمی میں ایک عمر کو پہنچنے کے بعد غالب آتا ہے۔ جب اس کے بال سفید ہونے لگتے ہیں اور اسے زادِ راہ کی فکر ستانے لگتی ہے، نماز، روزے کے علاوہ خدمتِ خلق بھی تو ثواب کمانے کا ایک بہترین ذریعہ ہے۔ لیکن نوجوان عموماً ایسی حرکت نہیں کرتے۔ لیکن لگتا ہے حسن چشتی صاحب تو پیدا ہی بوڑھے ہوئے تھے (صرف اس معاملے میں ورنہ ان کا دِل تو اب بھی جوان ہے)

میرے جاننے والوں نے مجھے ۱۹۵۲ء کا ایک قصہ سنایا جب موصوف کی عمر شکل سے ۲۲ برس کی ہو گی۔ یہ تو ایسی خطرناک عمر ہوتی ہے کہ جب انسان کو خود اپنی خبر نہیں ہوتی تو وہ دوسروں کی خبر گیری کیا کرے گا۔ لیکن لگتا ہے پرائے درد کو اپنا ہی درد جانا، والا مقولہ ان کی گھٹی میں پڑا تھا۔

اس زمانے میں موصوف انجینئرنگ کالج کے انتظامیہ سے وابستہ تھے۔ وہاں ڈپلومہ

کی کلاسس بھی ہوتی تھیں۔ ایک دن حسن چشتی صاحب نے حاضری کے رجسٹر پر نظر ڈالی تو معلوم ہوا کہ ایک طالبِ علم دو مہینوں سے غیر حاضر ہے اور اس بناء پر اس کو امتحان میں بیٹھنے کی اجازت نہیں مل سکتی۔ موصوف نے فوراً دوسرا رجسٹر نکال کر چھان بین شروع کی کہ آخر یہ طالبِ علم کون ہے اور ان کی حیرانی کی حد نہ رہی جب ان کو معلوم ہوا کہ اس طالبِ علم نے سب سے زیادہ نمبرات حاصل کیے تھے۔ اب ان کی چھٹی حِس نے انہیں مجبور کیا۔ وہ اس کلاس میں گئے اور غیر حاضری کی وجہ معلوم کرنے کی کوشش کی۔ تب انہیں معلوم ہوا کہ اس طالبِ علم کو ٹی بی جیسا مہلک مرض ہو گیا ہے (جس کا علاج اس زمانہ میں آسان نہیں تھا) اور اسے ٹی بی اسپتال میں داخلہ بھی نہیں مل رہا ہے۔ ان کا جذبہ ٔخلق اُبھر آیا۔ آپ فوراً ڈین کے پاس گئے۔ ان کو سارا واقعہ سنایا اور ان سے ایک خط ٹی بی اسپتال کے انتظامیہ کے نام لیا کہ اس طالبِ علم کو اسپتال میں نہ صرف شریک کیا جائے بلکہ اس کو خاص سہولتیں دی جائیں، یہ ایک ہونہار طالبِ علم ہے۔ پھر یہ خط اس طالبِ علم کے گھر لے گئے۔ کیا آپ اس طالبِ علم کی خوشی کا اندازہ کر سکتے ہیں؟ ایک خط نے اسے نئی زندگی عطا کی۔ آج بھی وہ طالبِ علم حسن چشتی کا ممنون ہے۔ نہ حسن چشتی اس کو ذاتی طور پر جانتے تھے نہ وہ ان کو جانتا تھا۔ ہم میں سے کتنے لوگ اس قسم کا قدم اٹھاتے ہیں اور وہ بھی جوانی میں۔

حسن چشتی صاحب سے میری دوستی کی عمر بہت کم ہے۔ شاید یہی کوئی چار پانچ سال۔ حیدرآباد میں میری اُن سے کبھی ملاقات نہیں ہوئی حالانکہ وہ علیمؔ سے ملنے دو ایک بار گھر بھی آئے تھے۔

امریکہ آنے کے بعد اکثر 'سیاست' میں ان کا نام اور فون نمبر نظر آتا تھا۔ کئی بار سوچا فون کروں لیکن پھر ایک جھجک ہوئی۔ پتہ نہیں وہ کیا سوچیں گے۔ میں اتنی بڑی

شخصیت تو نہیں ہوں کہ وہ مجھے یاد رکھیں اور اسی چکر میں کہ تقریب کچھ تو بہرِ ملاقات چاہیے۔ چاہے وہ آدھی ہی کیوں نہ ہو، ایک سال گزر گیا اور پھر ایک دن ان کا فون آیا لیکن میں گھر پر نہیں تھی۔ میں نے فوراً فون ملایا۔ دوسری طرف سے آواز آئی کہ میں ایک سال سے آپ کے فون نمبر کی تلاش میں تھا۔ آج ہی ہاشم علی صاحب سے ملا۔ کچھ اتنا خلوص، اتنی اپنائیت تھی کہ لگا جیسے وہ مجھے برسوں سے جانتے ہوں۔ اکثر تو ان سے فون پر ہی گفتگو ہوتی ہے۔ ملنا تو مشکل سے دو تین بار ہی ہوا۔ حالانکہ مشی گن اور شکاگو زیادہ دور نہیں ہیں لیکن فاصلے اور بھی ہیں راستوں کے سوا۔۔۔۔!

حسن چشتی صاحب خود دوسروں کی سرپرستی اپنے ذمّے لے لیتے ہیں۔ ان کی سرپرستی کا یہ عالم ہے کہ کبھی نصیحت تو کبھی سرزنش۔ کبھی اطلاع تو کبھی دُعا۔ میرے مضامین کہاں اور کب چھپتے ہیں اس کی اطلاع مجھ سے پہلے انہیں مل جاتی ہے اور پھر فوراً اپنا سرپرستی کا فرض شروع کر دیتے ہیں۔ کبھی مضمون کا تراشا آجاتا ہے تو کبھی اس پر ریمارکس۔ اتنی خاموشی سے انہوں نے میری ہمت افزائی کی کہ مجھے کبھی احساس بھی نہیں ہونے دیا کہ وہ میرے لیے کچھ کر رہے ہیں۔ اس سے پہلے کہ میں ان کا شکریہ ادا کروں وہ کچھ اس انداز سے گفتگو کرتے جیسے احسان انہوں نے نہیں بلکہ میں نے ان پر کیا ہے۔

لوگ کہتے ہیں کہ لیڈر شپ وراثت میں ملتی ہے یا پھر بعض دفعہ حالات کسی کو لیڈر بنا دیتے ہیں۔ لیکن موصوف نے دونوں ہی مقولے غلط ثابت کر دیئے۔ لیڈر شپ تو ان کی گھٹی میں پڑی ہے:

چلو تو سارے زمانے کو ساتھ لے کے چلو

جہاں بھی گئے لوگوں کی مصیبتیں، ان کی پریشانیاں، ان کے مسائل انہیں پریشان

کرتے رہے۔ (حالانکہ ایک کامیاب لیڈر کی یہ قطعی پہچان نہیں ہے اس کی نظر تو لوگوں کی زبوں حالی پر نہیں بلکہ ان کے نوٹوں اور ووٹوں پر ہوتی ہے)لوگوں کے دِلوں میں جھانکنے کا فن کوئی ان سے سیکھے۔ (حالانکہ تاک جھانک کی عادت بالکل اچھی نہیں ہے اور خاص کر کسی کے دِل میں) یہ نہ صرف تاک جھانک کرتے ہیں بلکہ دل کے ایک کونے میں اس طرح بیٹھ جاتے ہیں کہ پھر نکلنے کا نام نہیں لیتے اور دوسرا آدمی انہیں اپنے سر پر بٹھا لیتا ہے۔ وہ حیدرآباد میں ہوں یا سعودی عرب یا امریکہ میں، ہر جگہ اُردو ادب اور حیدرآباد کی تہذیب کے جھنڈے گاڑنے میں سب سے آگے رہتے ہیں۔

جوانی میں تو میں نے انہیں دیکھا نہیں۔ (صرف ان کے عشق کے قصے سنے ہیں) یقیناً بہت خوبصورت ہوں گے۔ ویسے اس عمارت کی خوبصورتی کے آثار ابھی بھی باقی ہیں۔ صرف بال ہی داغِ مفارقت دے گئے ہیں۔ موصوف کو تصویریں اُتارنے اور چھپوانے دونوں کا بہت شوق ہے۔ کوئی اخبار، کوئی رسالہ ایسا نہیں جہاں موصوف کی لی ہوئی تصویر نہ چھپی ہو۔ سنا ہے وہ ایک البم تیار کرنے والے ہیں۔ یادوں کی بارات جس میں ہزاروں بلکہ لاکھوں تصاویر ہوں گی۔۔۔۔۔ ان کے دوستوں اور مداحوں کی۔

شروع شروع میں مجھے اندازہ نہیں تھا کہ ان کی صبح کب ہوتی ہے اور شام کب ہوتی ہے۔ میں نے ایک دن گیارہ بجے کے قریب انہیں فون کیا تو دوسری طرف سے زینت کی آواز آئی کہ رات کو دیر سے سونے کی وجہ سے ابھی آرام کر رہے ہیں۔ پر پتہ چلا کہ یہ تو ان کا روز کا معمول ہے۔ راتوں کو دن میں اور دن کو رات میں بدلنا پرانی عادت ہے۔ (شاید جوانی کی راتوں میں تارے گننے کی عادت ابھی باقی ہے)

شاید یہ ان کی نیکیوں کا صلہ ہے کہ وہ آج امریکہ میں ایک پرسکون زندگی گزار رہے ہیں۔ ان کے دونوں سعادت مند بیٹے اور بے انتہاء محبت کرنے والی بیٹیاں اپنے

بچوں کے ساتھ ہر وقت آگے پیچھے خوشیاں بکھیرتے رہتے ہیں۔ کبھی کسی کی سالگرہ ہے تو کبھی بسم اللہ۔ اب تو بات رسم اور شادی تک بھی پہنچ چکی ہے۔ حسن چشتی صاحب کو یہ فضول خرچی پسند نہیں لیکن بچوں کے آگے تو سر خم کرنا ہی پڑتا ہے اور یہی تو فرق ہے دو نسلوں کا۔

ان کے سب بچے شکاگو میں ہیں۔ اس کا ایک نقصان تو ضرور ہے کہ انہیں شکاگو سے باہر جانے کے موقعے بہت کم ملتے ہیں۔ امریکہ میں رہ کر وہ امریکہ کو اخباروں اور ٹی وی کی نظروں سے دیکھتے ہیں، خود اپنی نظروں سے کم۔

ایک راز کی بات بتاؤں۔ میں آج تک یہ نہیں سمجھ سکی کہ وہ کس مٹی کے بنے ہیں۔ کبھی تو لگتا ہے کہ وہ ایک کھلی کتاب ہیں اور کبھی ایک پہیلی۔

(۶) حسن چشتی: مجتبیٰ حسین کی تحریروں کے ترتیب کار

جنھوں نے اہل علم و دانش کے لئے یادوں کی بارات کا اہتمام کیا

خواجہ کمال الدین

مجتبیٰ حسین کے ایک مضمون "کرسی صدارت" اور اسی عنوان سے روز نامہ سیاست میں "میرا کالم" میں تحریر کئے گئے اسی موضوع کی وجہ سے مجھے یہ مضمون لکھنے کی تحریک ملی۔ گو کہ مجتبیٰ حسین میرے قلم کی دسترس سے بالاتر ہیں مگر ان کی کریم النفسی نے میری ہمت باندھ رکھی ہے بلکہ ایسا کچھ لکھنے پر اُکساتے بھی رہے۔

مجتبیٰ حسین طنز و مزاح کا ایک معتبر نام ہے۔ شخصی حوالے سے دیکھا جائے تو کچھ ملاقاتیں ہیں جو ہمیشہ ہی ان کی شفقت کے لئے یاد رکھی جائیں گی۔ ہمارے درمیان ۳۵ سال سے ربط نہ ہو سکا جو مجھے ان کی شخصیت کے فیض سے اور ان کی شفقتوں سے مزید مالا مال کرتا۔ لیکن مجتبیٰ بھائی کی تخلیقات اور نگارشات میں اتنا جادو ہے کہ دور بیٹھے ہوں تب بھی اپنا اسیر بنا لیتے ہیں۔ سو میں بھی ان کے اسیروں میں سے ہوں اس لحاظ سے ان کا شناسا بھی۔

متذکرہ بالا مضمون میں مجتبیٰ بھائی نے اپنی ایک تشویش کا یوں ذکر کیا تھا کہ انہیں ایک محفل کا صدر بنا کر مسند صدارت پر بٹھایا گیا تب ہی ان کے ذہن میں یہ خیال پیدا ہوا کہ اگر مسند صدارت وہ اپنے گھر بھی لے جاتے تب بھی انہیں یہ سمجھنا دشوار ہی ہوتا کہ آخر کیوں ان کو اس پر بٹھا کر جناب صدر، جناب صدر کہا جاتا رہا۔ اس سوال کے جواب

کے لئے ان کو ایک ایسے مخلص شخص کے کارنامے کی طرف دیکھنا پڑے گا جس کے لے انہوں نے خود کہا" حسن چشتی صاحب محبت اور خلوص کا ایک جزیرہ ہیں۔ جن کو بجا طور پر پھیلا ہوا دل عاشق کہا جا سکتا ہے۔" اسی عاشق مجتبیٰ حسین نے کرسی صدارت والی تشویش کو دور کرنے کی خاطر ان کی ساری تخلیقات کو سینت سینت کو جما جما کر اس طرح ترتیب دیا ہے کہ اب لوگوں کو اور مجتبیٰ بھائی کو کسی ایسے ثبوت کی ضرورت ہی باقی نہیں ہوگی کہ ان کو کرسی صدارت کی پیشکش کتنی مناسب تھی بلکہ مرتب نگار کی ترتیب کو دیکھ کر تو ایسا محسوس ہوتا ہے کہ مجتبیٰ حسین کو کسی مشہور بیوٹی پارلر سے سجا کر مسند صدارت پر بٹھا دیا گیا ہو۔

حسن چشتی صاحب نے ان مضامین کو ایسے اہتمام سے ترتیب دیا جیسے یہ مضامین نہ ہوں بلکہ اس پر آشوب دور کے مشکل ترین سفر کی خوشگوار یادیں۔ حسن چشتی صاحب نے مجتبیٰ حسین کے سفر ناموں، خاکوں اور تحریروں کو کتابی شکل میں مرتب کر کے دُنیا بھر میں اُردو زبان کے قاری سے موجودہ اور گذشتہ صدی کے ممتاز ادیبوں، شاعروں اور مفکروں کا تعارف کروایا ہے۔ میرے نزدیک دُنیائے ادب میں ایسی کتابیں شاید ہی ملیں گی جن کا قاری اپنے دامن سے دانشوران علم و داب کا دامن منسلک محسوس کرے۔ اس طرح مجتبیٰ حسین کی تحریریں اُردو ادب میں نہ صرف قابل قدر اضافہ ہیں بلکہ ان کو اب ایک ادبی سرمایہ کی حیثیت حاصل ہے۔

درد کی چیخیں اٹھیں میرے شکستہ ساز سے
آب دیدہ ہو گیا دریا میری آواز سے

مجتبیٰ حسین کے مضامین جو انسانی زندگی کے منظر نامے ہیں ان سے یہ بات واضح ہو جاتی ہے کہ مضمون نگار، انشاء نگار، خاکہ نگار، مزاح نگار مجتبیٰ حسین عزم و حوصلے کے

مالک ہیں جو اپنی مٹی کا قرض چکانا جانتے ہیں اور اس کی عزت و غیریت سے واقف بھی ہیں۔ ان میں جو ذہانت، حاضر جوابی شگفتگی ہے وہ دور حاضر کے اُردو ادیبوں کو کم ہی نصیب ہے۔ ان کے طنز میں زہریلا پن اور مزاح میں پھکڑ پن نہیں ہوتا۔ کئی بار تو خود ہی اپنے جملوں کی زد پر ہوتے ہیں۔ انہوں نے خاکے لکھے تو ثابت کر دیا کہ خاکہ نگاری نہ تو شخصیت کا خاکہ اُڑانے کا نام ہے اور نہ شخصیت پر خاک ڈالنے کا بلکہ اس کو تو انہوں نے پل صراط پر گذرنے کا عمل قرار دیا۔ جب وہ جملہ تخلیق کرتے ہیں تو اس میں ایسا بے ساختہ پن ہوتا ہے کہ نشانہ بننے والا بھی لطف اندوز ہی ہوتا ہے وہ موضوع کے بغیر بھی بات کہہ سکتے ہیں۔ موضوع اگر نہ ہو تو اس کو پیدا کر سکتے ہیں۔ عام آدمی کی نظر جن باتوں کا مشاہدہ نہیں کر سکتی وہاں مجتبیٰ بھائی کی نظر اس منظر کی تہہ میں اُتر جاتی ہے۔ جب کسی ناپسندیدہ حرکت پر لب کشائی کرتے ہیں تو کہتے ہیں کہ جذبہ رقابت کو جیسے کوئی پال پوس کر بڑا کرتا ہے تو اس کا مطلب یہ ہے کہ وہ انسان اتنے ہی برس اپنے آپ کو مزید چھوٹا کرنے میں صرف کر دیا۔"

مجتبیٰ حسین کا زاویہ نگاہ دراصل انسانی حیات کے مختلف زاویوں پر محیط ہے۔ وہ لوگ جو مختلف علوم کے ادب کے ساتھ ربط کی نوعیت جاننا چاہتے ہیں ان کو مجتبیٰ حسین کو ضرور پڑھنا چاہئے اور اگر طلب زیادہ ہو تو ملنے میں بھی کوئی حرج نہیں۔

مجتبیٰ حسین کی نگارشات کو آنے والی اور موجودہ نسل کے لئے دستاویزی شکل دینے کے لئے جو سنجیدگی، توازن اور دیانتداری کی ضرورت تھی، جس میں اس بات کا خیال رکھا جاسکے کہ قاری کا مطالعہ ابتداء سے انتہا تک پوری دلچسپی کے ساتھ برقرار رہے اور قاری مضمون نگار کے ہاتھ کو منزل کے اختتام پر ہی چھوڑ سکے۔ اس بات کا خیال مرتب نگار حسن چشتی صاحب نے بدرجہ اتم رکھا ہے۔

حسن چشتی صاحب کا شمار میرے عہد کے اگلے وقتوں کے لوگوں میں ہوتا ہے۔ جو حرص وہوس کی دُنیا میں محبتوں کی کہانیاں بیان کرتے ہیں۔ اس پر آشوب دور میں زبان و ادب و تہذیب کو باقی رکھنے یا زندہ رکھنے کی کوششوں میں جو افراد مشغول ہیں ان میں چشتی صاحب کا نام یقیناً لیا جا سکتا ہے۔ جو اُردو زبان کو محض ایک زبان ہی نہیں بلکہ ثقافت اور تہذیب کا بھی نام سمجھتے ہیں۔ چشتی صاحب کو حیدرآباد اور حیدرآبادیوں سے محبت ہے اس کے احاطے کے لئے کئی صفحات درکار ہوں گے۔ جامعہ عثمانیہ سے 28 سال وابستہ رہے پھر سعودی عرب کے قیام کے دوران غیر مقیم ہندوستانیوں کیلئے بالعموم اور حیدرآبادیوں کے لئے بالخصوص ان گنت کارہائے نمایاں انجام دیئے۔ بزم اُردو اور حیدرآباد اسوسی ایشن کا قیام چشتی صاحب کا ایسا کارنامہ ہے جو سعودی عرب کے ادبی حلقے اور وہاں مقیم حیدرآبادیوں کے لئے ناقابل فراموش ہی رہیں گے۔ امریکہ مستقلاً 1996 میں رہائش پذیر ہوئے اور شہر شکاگو کی جانب سے ان کی سماجی خدمات کا سرکاری سطح پر اعتراف کیا گیا۔ مقامی اور کئی بیرونی تنظیموں نے انہیں مختلف اعزازات سے بھی سرفراز کیا۔

مجتبیٰ حسین نے جب حسن چشتی کے لئے کہا کہ "یہ ایک پھیلا ہوا دل عاشق ہیں" تو یہ کتنا صحیح کہا تھا انہوں نے تو اس کے لئے دلیل میں کچھ ادیبوں اور شاعروں کے خیالات پیش ہیں جو چشتی صاحب پر لکھے گئے مضامین سے ماخوذ ہیں اور دُنیا کے مختلف مقامات میں مقیم ہیں۔

مشہور افسانہ نگار اقبال متین نے لکھا۔ " شخص مل جاتا ہے شخصیت نہیں ملتی۔ مگر چشتی صاحب میں تو بہ یک وقت یہ دونوں مل جاتے ہیں۔ یہ عجیب شخص ہے پیاسوں کو تلاش کرتا ہے اور کنواں لے کر ان کی طرف دوڑتا ہے۔"

امریکہ میں مقیم مشہور افسانہ نگار لالی چودھری لکھتی ہیں۔ "حسن چشتی صاحب ایک خوش اخلاق، خوش مزاج، خوش گفتار انسان ہیں۔ یہی اوصاف اُن کی فطرت کے وہ جوہر و گوہر ہیں جو اب خال خال ہی کہیں ملتے ہیں اور

غم جہاں ہو، رُخ یار ہو، کہ دست عدو
سلوک جس سے کیا ہم نے عاشقانہ کیا

کی صداقت پر یقین آنے لگتا ہے۔"

نواب نور الدین صاحب نے لکھا کہ۔ "حسن چشتی صاحب کو ہم یوسف گم گشتہ کے خطاب سے نوازتے ہیں۔"

اُردو رائٹرز اسوسی ایشن آف لاس اینجلز کے عہدہ داروں نے کہا کہ "حسن چشتی ایک انتہائی شفیق، منکسر المزاج اور دلآویز شخصیت کے مالک ہیں۔"

مشہور شاعر تسلیم الٰہی زلفی جو کینیڈا کی ادبی دُنیا کے روح رواں ہیں اپنے ایک مضمون میں لکھتے ہیں۔ حسن چشتی صاحب ہماری تہذیبی قدروں کے محافظ، نئی راہوں میں سعی پیہم اور جہد مسلسل کی عمدہ مثال ہیں۔ جس سے ہماری نئی نسل رہنمائی حاصل کر سکتی ہے۔"

(۷) حسن چشتی سے ایک تصوراتی مکالمہ

ان کے اشعار کی روشنی میں

عرفان مرتضیٰ

جناب حسن چشتی سے ہماری پہلی ملاقات شکاگو کے ایک مشاعرے میں ہوئی۔ ہوا یہ کہ حسن صاحب مشاعرے کی صدارت کر رہے تھے اور آپ اِسے ہماری خوش قسمتی کہہ لیجئے یا کہ۔۔۔۔۔ ہمیں اِن کے برابر کی کرسی پر جگہ دے دی گئی۔ مشاعرہ گاہ کا موسم ہمارے والدِ بزرگوار کے مزاج کی یاد دِلا رہا تھا اور پیاس سے ہمارا گلا اس گرمی کے اثر سے خشک ہو چکا تھا۔ ہم نے کرسی پر بیٹھتے ہی ایک گلاس میں سامنے رکھا جگ سے پانی انڈیلا تو چشتی صاحب ہمیں دیکھنے لگے، ہم نے پانی کا گلاس اُن کی جانب بڑھاتے ہوئے کہا کہ "ہمارا آپ سے باقاعدہ تعارف تو نہیں لیکن۔۔۔۔۔" چشتی صاحب نے گلاس ہمارے ہاتھ سے لے کر ہماری بات کاٹتے ہوئے کہا:

یوں تو پہلے بھی ملا زہر بھرا جام مجھے
اب بھی سقراط مرا نام ہے، کیا عرض کروں

ہم نے ہنستے ہوئے کہا کہ "اوّل تو یہ زہر بھرا جام نہیں ہے اور دوسرے یہ کہ ہم نے سلسلۂ چشتیہ میں بڑے بڑے بزرگانِ دین کے نام تو سنے ہیں لیکن کبھی کسی سقراط چشتی سے ملاقات کا شرف حاصل نہ ہو سکا، چلئے آج یہ بھی ہو گیا۔" ہنسنے لگے۔ "ارے صاحب! سقراط تو ہم بس اس شعر کی حد تک ہیں، ورنہ ہم کبھی حُسن سے آگے نہیں بڑھ سکے بلکہ

ہم نے تو یہ بھی کوشش کی کہ کم از کم حسن کے 'ح' پر ایک چھوٹا سا پیش ہی لگ جاتا کہ ہم پر ہمارے نام کا بھی کچھ اثر ہو جاتا۔" ہم نے کہا" ہماری خوش قسمتی ہے کہ آج آپ سے ملاقات بھی ہو گئی۔" افسوس بھرے شگفتہ لہجے میں فرمانے لگے:

بے سبب موردِ الزام ہے، کیا عرض کروں
دِل کہ بدنام تھا، بدنام ہے، کیا عرض کروں

ہم نے ہنستے ہوئے کہا۔ کسی نے صحیح کہا ہے کہ:

"بدنام اگر ہوں گے تو کیا نام نہ ہو گا"

"ہم نے بھی آپ کے دل کے بدنام ہونے کے کچھ قصے ضرور سن رکھے ہیں۔" وہ نجانے کیوں چھت کی جانب دیکھنے لگے، پھر ہمارا کاندھا تھپتھپاتے ہوئے کہا:

حوصلہ کام نہ کچھ شوق ہی کام آتا ہے
ایک ایسا بھی محبت میں مقام آتا ہے

ہم نے کہا" کیا مطلب ؟" وہ زیر لب مسکرائے اور کہا:

حالتِ اِضطرابِ دل شاید
آپ پر اب بھی آشکار نہیں

ہم نے کہا۔" جناب ! اب ایسی بھی بات نہیں ہے، ہم بھی اُڑتی چڑیا کے پَر گننے میں ماہر ہیں اور ہمارا شمار ایسے تاڑنے والوں میں ہوتا ہے جو قیامت کی نظر رکھتے ہیں۔ لیکن بعض باتیں اور یادیں ہماری ذات کا حصہ بن کر ہمارے ساتھ زندگی بھر سفر کرتی رہتی ہیں، لیکن اس کا احساس صرف اُن لوگوں کو ہوتا ہے جو اپنی ذات میں نہ صرف اُردو میں بلکہ انگریزی میں بھی سفر (Suffer) کر رہے ہوں۔" ہماری بات سن کر چشتی صاحب سر

ہلاتے ہوئے گویا ہوئے:

جو بے نیازِ غم و درد ہیں حسنؔ اب تک
انہیں خبر ہی نہیں غم کی زندگی کیا ہے

ہم نے جلدی سے کہا "تو اس کا مطلب ہے کہ آپ کو بھی گویا زمانے سے شکایتیں ہیں۔ بولے:

نالۂ دل پہ اختیار نہیں
ورنہ شکوہ مرا شعار نہیں

ہم نے کہا "لیکن آپ کی باتوں کے انداز سے اور آپ کی ہنسی سے تو بالکل بھی پتہ نہیں چلتا کہ۔۔۔" ہمیں درمیان میں روک کر بولے:

ہنس ہنس کے دل کا درد چھپاتا رہا ہوں مَیں
یوں بھی غمِ حیات اٹھاتا رہا ہوں مَیں

مشاعرہ شروع ہونے سے پہلے کچھ تقاریر کا سلسلہ تھا، اس لئے ہمیں حسنؔ چشتی سے کچھ اور باتیں کرنے کا وقت مل گیا۔ ہم نے اُن کی جانب دیکھا تو وہ اپنی بات کا سلسلہ جاری رکھتے ہوئے بولے۔ "میاں صاحب!(یہ اُن کے تخاطب کا ایک اچھوتا انداز تھا):

اب کیا تری دیوار کے سائے کا بیاں ہو
کوچے کی ترے دھوپ بھی سایا سا لگے ہے

ہمیں لگ رہا تھا کہ جیسے جو لاوا اندر اندر کھول رہا تھا وہ باہر آنے کے لئے بے چین ہو۔ ہم نے کہا۔ "جناب! لگتا ہے کہ آپ واقعی اُردو اور انگریزی میں بہت دور تک اور بہت دیر تک سفر کر چکے ہیں اور یہ سفر اب اکیلے کاٹنا پڑ رہا ہے، اُس قافلے کا کیا ہوا کہ جس

کے ساتھ اصلی سفر شروع کیا تھا۔" مسکرائے اور پھر کھوئے ہوئے لہجے میں گویا ہوئے:

اس بڑھتی ہوئی غم کی سیاہ رات میں مجھ کو
یاد اُس کی حسنؔ ایک ستارا سا لگے ہے

ہم نے اُن کی جانب دیکھتے ہوئے کہا۔ "چشتی صاحب! جس کی یاد اندھیری رات میں ستارے کے مانند لگتی ہے، کیا آپ نے کبھی اُس کو بتایا بھی کہ آپ اُس کے بارے میں کیسا محسوس کرتے ہیں کیونکہ ہمارے نظریہ کے مطابق، جب اور جہاں موقع ملے، دل کی بات جس سے بھی کہنا ہو، کہہ دینا چاہیئے، ورنہ عمر بھر کے لئے یہ کسک دل میں رہ جاتی ہے کہ سب کچھ کہہ کیوں نہیں دیا۔" انہوں نے ہماری جانب دیکھا، نجانے اُن نظروں میں کیا تھا۔ چہرے سے ہنسی لگتا تھا کہ یک دم روٹھ گئی ہو۔ بولے "عرفان! صحیح کہا تم نے کیونکہ ہمارا:

یہ عزم تھا وہ پوچھیں گے اگر، احوالِ محبت کہہ دیں گے
لیکن نہ زباں نے ساتھ دیا، ہم وقت پہ کہنا بھول گئے

ہم نے کہا۔ "خیر دیر تو ابھی بھی نہیں ہوئی، آپ دل کا حال اب بتا دیجئے، کم از کم آپ کے دل کو تھوڑی بہت تسکین تو ہو ہی جائے گی کہ چلو کم سے کم "اُسے "علم تو ہے کہ آپ کی اس کے بارے میں کیاFeelingsہیں۔ کہنے لگے:

نہ اُن کا ساتھ میسر، نہ اُن کی کوئی خبر
یہ زندگی ہے تو کیا خاک زندگی ہو گی

ابھی ہم یہ باتیں کر ہی رہے تھے کہ ایک ایسے شاعر صاحب مشاعرہ گاہ میں وارد ہوئے کہ جو خودساختہ اُستادِ زمانہ شاعر تھے، لیکن پرابلم یہ تھی کہ آج تک کوئی بھی شخص

یہ فیصلہ نہیں کر سکا تھا کہ وہ شاعر ہیں بھی کہ نہیں اور اگر اُستاد ہیں تو کس سبجکٹ کے، کیوں کہ محترم کا کم از کم شاعری سے دور دور تک کوئی واسطہ نہ تھا۔ وہ ہم لوگوں سے کچھ فاصلے پر ایک کرسی پر براجمان ہو گئے۔ ہم نے آنکھوں کے اِشارے سے چشتی صاحب کی توجہ اُن اُستاد شاعر کی جانب دِلائی تو چشتی صاحب نے ہنستے ہوئے کہا:

ہوا اچھا کہ محفل میں وہ ہم سے دور بیٹھے ہیں
وگرنہ ہم دلِ مضطر کو سمجھانے کہاں جاتے

اُن کا شعر ختم نہ ہوا تھا کہ ایک نوجوان سے صاحب اُن اُستاد شاعر کے تقریباً پاؤں چھونے لگے تو حسن صاحب کی زبان پر بے اختیار یہ شعر آ گیا کہ:

پائے ساقی پہ تو سجدہ بھی عبادت ہے حسنؔ
صرف پتھر ہی صنم ہو، یہ ضروری تو نہیں

خیر صاحب، باقاعدہ مشاعرہ شروع ہوا اور کوئی رات ڈیڑھ بجے اختتام پذیر ہوا بلکہ کر دیا گیا، کیونکہ مشاعرہ گاہ کا انتظام ایک بجے تک کا تھا اور وقت پہلے ہی زیادہ ہو چکا تھا۔ ہم نے حسن چشتی صاحب سے اجازت چاہتے ہوئے عرض کیا کہ آپ سے گفتگو کر کے بڑا لطف آیا۔ وہ بڑے انداز سے سر کو تھوڑا سا خم کر کے فرمانے لگے:

غریبِ شہر ہیں لیکن کلاہ کج ہے حسنؔ
یہ بانکپن تو ہمارا بہت پرانا ہے

ہم نے کہا کہ "خیر صاحب، بانکپن تو ہماری باتوں میں بھی کوٹ کوٹ کر بھرا ہوا تھا، لیکن اب عمر کے ساتھ ساتھ نہ صرف لہجہ بلکہ سوچیں بھی تبدیل ہوتی جا رہی ہیں۔" حسن صاحب نے ہمارا کاندھا تھپتھپاتے ہوئے کہا۔ "میاں صاحب! آپ بھلا کہاں اپنی

روش بدل سکتے ہیں، چور، چوری سے تو جا سکتا ہے لیکن۔۔۔۔۔'' اتنا کہہ کر بہت زور سے ہنسے۔ پھر دوسرے دن کے لئے ہمیں اپنے گھر آنے کی دعوت دی تو ہم نے پوچھا۔ '' آپ کی رہائش کہاں ہے؟'' بولے:

جہاں بھی شام ہوئی، بس وہیں ٹھکانا ہے
نہ کوئی شاخ ہے اپنی نہ آشیانہ ہے
جہاں نہ ٹھیس لگے دِل کے آبگینوں کو
وہی قبیلہ ہے اپنا، وہی گھرانا ہے

ہم مشاعرہ گاہ سے باہر آئے تو چشتی صاحب کی نگاہیں کچھ تلاش کرنے لگیں۔ ہم نے پوچھا۔ ''چشتی صاحب !کسے ڈھونڈ رہے ہیں؟'' بولے۔ ''ہم اصل میں ایک صاحب کے ساتھ اُن کی گاڑی میں آئے تھے، لیکن وہ اب نظر ہی نہیں آرہے ہیں۔'' اتنا کہہ کر زیرلب گنگنانے لگے کہ:

آ بھی جاؤ کہ منتظر ہوں مَیں
اور اب تابِ انتظار نہیں

وہ اُن صاحب کو تلاش کرتے رہے اور جب وہ صاحب نظر نہ آئے تو اُن کا گنگنانا ایک جھنجھلائی ہوئی آواز میں تبدیل ہو گیا اور ساتھ ساتھ اشعار بھی تبدیل ہوتے گئے۔ اپنے آپ سے باتیں کرنے کے انداز میں بولے:

زندگانی اور بھی پامالِ غم ہوتی گئی
وائے نادانی کہ اُن کو مہرباں سمجھا تھا میں

چشتی صاحب کی بے چینی کے ساتھ ساتھ اُن کی آواز بھی بڑھتی جا رہی تھی اور وہ صاحب تھے کہ آنے کا نام ہی نہیں لے رہے تھے۔ تو چشتی صاحب گویا ہوئے:

چھوڑ کے اُس کا آستاں خود ہی تو دربدر ہوا
کاہے کو روئے ہے حسنؔ، کرتا ہے ہائے ہائے کیوں

تھوڑی دیر بعد وہ صاحب کہیں سے وارد ہوئے تو ہم نے چشتی صاحب سے اجازت چاہی اور اپنے گھر کی جانب روانہ ہو گئے۔

(۸) سکس ملین ڈالر مسکراہٹ

شجاعت علی راہی (سعودی عرب)

صاحبو! مجھے ذرا لمحوں کی گرد جھاڑنے دیں کہ ایسا کرتا ہوں تو ڈھیروں روشن جگنو میرے دامنِ تیرہ میں گرنے لگتے ہیں۔ گستاخی معاف، ایلس ان ونڈر لینڈ (Alice in wonderland) میں ایک بلّی ایلس کو دیکھ کر مسکراتی ہے۔ پھر یوں ہوتا ہے کہ بلّی تو غائب ہو جاتی ہے مگر اس کی مسکراہٹ فضا میں معلّق ہو جاتی ہے۔ تو صاحب! ایک صاحب تھے جو جدہ اور اہلِ جدہ کے دل میں بستے تھے۔ پھر یوں ہوا کہ وُہ خود تو جدہ کو خیر باد کہہ کر چل دیئے لیکن اپنی سِکس ملین ڈالر (Six Million Dollar) مسکراہٹ اس کی مرطوب فضاؤں میں معلّق چھوڑ آئے۔ کچھ انسان ایسے ہوتے ہیں کہ جہاں جہاں سے گزرتے ہیں، اپنی خوشبو، اپنی آواز اور اپنی چاپ اپنے پیچھے چھوڑ آتے ہیں۔ جدہ میں موصوف نے "بزم اُردو" سجائی۔ صالح قدروں کی آبیاری کی اور پھر چپکے سے نسیم سحر کی طرح جرسِ گُل کی صدا پر شکاگو چلے گئے۔ شاید قافلہ نو بہار کو اُس مقام پر ٹھہرنے کا اذن ہُوا ہو۔ تاہم رابطے کی ایک ڈوری ہے جو اُن کے ہاتھوں سے ابھی تک نہیں چھوٹی۔ اپنی خوئے مروّت سے مجبور جو ہوئے۔

پیدا کہاں ہیں ایسے پراگندہ طبع لوگ

کیا محنت اور کیا محبت، کبھی رائیگاں نہیں جاتی۔ انہی کی بدولت زندگی میں معنویت پیدا ہوتی ہے۔ محنت و محبت محیطِ خیر و خوبی میں موتی بن کر پلتے رہتے ہیں اور پھر ایک روز

کفِ ساحل پر آکر اپنا دوشیزہ حسن بکھیر دیتے ہیں۔

بات ہو رہی تھی ایک پیکرِ مہر و وفا کی۔ چلئے صاحب، ہم آپ کو ان کا کچھ اتا پتا بتاتے چلیں۔ اُن کی دلبرانہ اداؤں پر کون ہے جو نہ مر مٹے۔ مسکرانا تو بس مسکراتے ہی چلے جانا۔ آج ملنے کا وعدہ کر کے پرسوں آنا اور پھر پرسوں بھی حیدرآبادی پرسوں۔ ستم بالائے ستم یہ کہ اپنی ہر قاتلانہ ادا کو تبسم کی ملاحت سے اور نمکین بنانا۔ بس یہی سبب تھا کہ ایک روز وہ ہمیں حد درجہ حیران کر گئے جب وہ کل کا وعدہ کر کے اگلے ہی روز ہمیں ملنے چلے آئے۔

بقول مختار مسعود بدی اور نیکی کے درمیان صرف ایک قدم کا فاصلہ ہے۔ ایک قدم پیچھے ہٹیں تو ننگِ کائنات اور ایک قدم آگے بڑھا لیں تو اشرف المخلوقات۔ صاحبو! میرے ہاتھوں میں نہ میزان ہے نہ کوئی اور قابلِ اعتبار پیمانہ کہ موصوف یا کسی اور صاحب کے قدموں کو ناپ سکوں، پر اتنا ضرور ہے کہ ان کو دیکھ کر زندگی سے نہ سہی، زمین کی پستیوں میں بسنے والے اور دکھوں کی کیچڑ میں لت پت انسانوں سے بے پناہ محبت ہو جاتی ہے۔

ہم لاکھ حضرت امیر خسرو کے مداح سہی مگر ان کی طرح سریلی اور رسیلی پہیلیاں اور کہہ مکرنیاں کہنے اور بُجھوانے کا نہ تو ہم میں سلیقہ ہے نہ ہی یہ اپنا شیوہ ہے۔ اس لیے کوئی مضائقہ نہیں اگر ہم اس دلبر فتنہ پرور کا نام بھی لیتے چلیں جس کی مسکراہٹ کا سحر مقناطیسی ہے۔ تو صاحبو، ہونٹوں پر پیہم تبسّم سجائے اور دل میں پیار کی چاندنی لیے یہ صاحبِ نظر اور صاحبِ دل حسن چشتی ہیں۔ "بزمِ اُردو" کے سرپرست۔ دھوپ میں جھلستے ہوئے مسافروں کے لیے ایک سایہ دار شجر۔ گھٹا ٹوپ اندھیروں میں روشن جگنو، دامن نچوڑ دیں تو فرشتے وضو کریں۔ ادب دوست، کریم النفس، ملائم سخن، نجیب اطوار،

لکھ لُٹ، قصّہ مختصر۔

ان کی جو بھی بات ہے قند ہے بنات ہے (عبدالحمید عدمؔ)

کسی نے کہا کہ حیدرآباد والوں نے فقط تین کام کئے۔ بریانی کھائی، دیوڑھیاں بنائیں اور نسل آدم کو فروغ دیتے رہے۔ باقی حیدرآبادی کیا کیا کرتے ہیں، ہمیں نہیں معلوم، لیکن حسن چشتی صاحب کی دادو دہش کی دھوم ہم نے سنی بھی ہے اور دیکھی بھی ہے۔ آج کی دنیا میں جہاں ایسے گابلن (GOBLIN) قدم قدم پر ملتے ہیں جن کے حرص اور بخل کی قسم کھائی جاسکتی ہے، اکا دکا حسن چشتی بھی مل جاتے ہیں جن کے دل دردمندی کی خُو سے بھرے پڑے ہیں۔

اکبر الہ آبادی کو خدا غریقِ رحمت کرے، سر سید احمد خان سے ہزار اختلاف رکھنے کے باوجود کیا خوب کہہ گئے:

ہماری باتیں ہی باتیں ہیں، سیّد کام کرتا ہے

حسن چشتی صاحب کام بھی کرتے ہیں اور مسکراتے بھی ہیں اور یہ دونوں کام یقیناً عبادت کے زمرے میں آتے ہیں۔ زندگی کی تمام تر تلخ کامیوں کے باوصف مسکراتے چلے جانا عبادت نہیں تو اور کیا ہے؟

(۹) حسن چشتی: یوسفِ گم گشتہ

نواب محمد نور الدین خان (حیدر آباد دکن)

حسن چشتی صاحب سے میری ملاقات کی مدت کتنی ؟ بس یہی عام بول چال کی زبان میں جمعہ جمعہ آٹھ دن! مگر عجیب بات ہے کہ یہ محسوس ہوتا ہے کہ ہم دونوں جنم جنم کے ساتھی ہیں۔ میرے ایک بزرگ دوست تھے جناب عثمان جدّی مرحوم، موصوف ظہیر احمد صاحب سابق سفیر حکومت ہند برائے سعودی عرب کے حقیقی بہنوئی تھے۔ آخری زمانہ میں اپنی صاحبزادی کے ہاں فرد کش ہوئے تھے۔ اتفاق سے میرا مکان بھی ان کی قیام گاہ سے قریب تھا۔ رات دن ان سے ملاقات رہتی تھی۔ بڑے جہاں دیدہ، صحبت یافتہ اور صاحب ذوق تھے۔

ایک دن کہنے لگے کہ جدہ سے حسن چشتی آئے ہوئے ہیں۔ یہ میرے سمدھی ہیں وہ آپ سے ضرور ملیں گے۔ حسن چشتی صاحب کو دیکھا نہ تھا، غائبانہ تعارف اس حد تک تھا کہ اخبارات میں جدہ کی شعری وادبی سرگرمیوں کی روداد اور دیگر تفصیلات جو وہ لکھتے تھے تو نظر سے گذرتی رہتی تھیں۔ ایک روز شام قریب چار بجے میرے ایک ہم محلہ دوست عبدالعزیز، منتظم اکاونٹس سکشن جامعہ عثمانیہ، غریب خانہ تشریف لائے ان کے ہمراہ ایک خوب رو اور سرخ رو، سوٹ بوٹ میں ملبوس ایک انگریز نما صاحب بھی تھے۔ تعارف کے بعد معلوم ہوا کہ یہی حسن چشتی ہیں۔ کیفی حیدر آبادی کا شعر یاد آگیا:۔

آج تو کیفیؔ کی صورت دیکھ لی
نام سنتے تھے بہت اخبار میں

ڈرائینگ روم میں ہم آ کر بیٹھے ، باتیں ہوئیں ، تبصرے ہوئے ، ایک گھنٹہ سے زیادہ گفتگو رہی۔ یہ ان سے میری پہلی ملاقات تھی۔ پہلی ملاقات ہی میں حسن چشتی صاحب نے کچھ ایسی بے تکلفی اور سادگی کا رویہ اپنایا کہ اجنبیت کا احساس نہیں ہوا۔ بڑے ہنس مکھ ، مہذب ، چہرے پر صدا مسکراہٹ ، جبین پر سادگی ، نیچی نگاہیں ، بات میں نرمی ، جدہ میں آٹھ سال رہے "بزم اردو" اور "حیدرآباد اسوسی ایشن" کی بنیاد وہاں رکھی۔ کئی اور فلاحی کام بھی کئے۔ لوگ ذرا کچھ کرتے ہیں تو بڑی شان کی لیتے ہیں۔ مگر ان کی باتوں میں فاخرانہ انداز تکلم کا شائبہ تک نہ تھا۔ نہ اپنی بڑائی کی نہ دوسروں کی برائی۔ وہ رخصت ہوئے تو اپنی شخصیت کا ایسا تاثر چھوڑ گئے کہ مجھے کہنا پڑا "ابھی کچھ لوگ باقی ہیں جہاں میں "۔ اس ملاقات کے دو چار دن بعد ہی معلوم ہوا کہ وہ امریکہ (شکاگو) چلے گئے۔ ان کے جانے کے بعد دو ایک خط میں نے انہیں لکھے مگر ان کی مخلصانہ وضع واری کا یہ حال ہے کہ ہر سال عید ، بقر عید اور سال نو کے موقع پر مبارک باد کے خوب صورت کارڈس مجھے ضرور بھجواتے ہیں۔

۱۹۹۵ء میں امریکہ (شکاگو) کو میرا جانا ہوا۔ میرے بعض شاعر اور ادیب دوستوں نے اپنی کتابیں مجموعہ کلام اور خط مجھے لا کر دئے کہ حسن چشتی صاحب کو پہنچا دوں ، بعد میں یہ راز کھلا کہ دوسرے اصحاب کتاب کا تحفہ لے کر وصولی کتاب کی رسید تک نہیں دیتے اور حسن چشتی صاحب رسید کے معاوضہ میں کتاب کی قیمت سے زیادہ کا چک روانہ کرتے ہیں۔

شکاگو جانے کے بعد میری خواہش اور کوشش یہی رہی کہ کسی طرح جلد حسن چشتی

صاحب سے ملوں۔ معلوم ہوا کہ وہ ہماری قیامگاہ سے تقریباً چالیس کیلو میٹر دور شہر شکاگو (دیوان ایوینیو) میں رہتے ہیں جہاں ان کا مکان بھی ہے اور دکان بھی۔ بغیر "کار" امریکہ میں کہیں جانا آنا بڑا مشکل مسئلہ ہے۔ مجھے ایک موقعہ یوں ملا کہ گھر کی خواتین خرید و فروخت کیلئے تجارتی مرکز "یوان ایوینیو" جا رہے تھے تو میں بھی اس قافلہ میں شریک ہو گیا۔ مجھے بازار سے کیا لینا دینا تھا۔ میں تو اس یوسف گم گشتہ کے خریداروں میں تھا جو شہر شکاگو میں دستیاب تھا۔ مجھے بازار میں چھوڑ کر قافلہ آگے روانہ ہو گیا۔ کچھ زیادہ دیر نہیں لگی کسی شریف رہرو نے بتایا کہ سڑک کے اس طرف دوکان (Grocers K. J.) ان ہی کی ہے۔ دکان پہنچا تو دیکھا گاہکوں کے جھرمٹ میں حسن چشتی صاحب کھڑے ہیں۔ مجھ پر نظر پڑی تو جھٹ سب چھوڑ چھاڑ کر ملے اور بغلگیر ہوئے۔ ہاتھ پکڑے سیدھے ہوٹل لے آئے۔ سموسہ کھلایا اور کافی پلائی۔ وہیں اردو، پنجابی اور انگریزی کے شاعر ادیب افتخار نسیم سے تعارف ہوا۔ پھر وہ ہمیں " انڈیا بک ہوز " لائے شکاگو میں ہندوستانی اور پاکستانی ادیبوں، شاعروں کی تخلیقات اور رسائل و اخبار کی یہ مشہور دوکان ہے۔ اس دکان کے مالک و نگران مسٹر مہیش شرما سے ملایا۔ اپنے ساتھ میری تصویر کھنچوائی پھر وہ مجھے اپنے گھر لے آئے جو قریب ہی تھا کتابوں کی الماری، لکھنے کی میز، فیکس مشین وغیرہ سب چیزیں دکھائیں۔ جب میں رخصت ہو کر جانے لگا تو میرے ساتھ ہوئے۔ میں بار بار کہتا رہا کہ کار دور ہے آپ کوئی زحمت نہ کریں مگر وہ میرے ساتھ کار تک آئے۔ میرے سوار ہونے بیٹھنے اور روانہ ہونے تک کھڑے رہے جیسے میں آفیسر تھا اور وہ میرے ماتحت، میں شرم سے پانی پانی ہو گیا۔ تفصیل میں جانے کا مقصد حسن چشتی صاحب کا خلوص اور شائستگی بتانا ہے کہ صرف دوسری ملاقات، کوئی غرض وابستہ نہیں۔ ان کی اس نیاز مندانہ کرم فرمائی نے مجھے حیرت زدہ کر دیا۔

حسن چشتی صاحب سے صرف چند ملاقاتیں رہیں۔ کبھی ان کی شاپ پر کبھی دو تین مشاعروں میں بس گنتی کی ملاقاتیں۔ ایسی ملاقاتیں، ملاقات سر راہے کی تعریف میں آتی ہیں۔ طویل فرصت میں "کچھ تم سناؤ کچھ ہم سنائیں" کی نوبت نہیں آئی مگر اتنا ہے کہ " تاڑنے والے قیامت کی نظر رکھتے ہیں" کے مصداق ان سے ملا کم اور سمجھا بہت زیادہ۔ چہرے کی موہنی مسکراہٹ تو سدا بہار ہے جو ان کی شناخت بن گئی ہے جس کا سب ہی ذکر کرتے ہیں۔ بات چیت، ملنے جلنے میں ہمیشہ شائستہ، اخلاق و مروت کے پتلے، اس چٹکلہ پر عمل پیرا ہیں کہ " جھک کے ملنا بڑی کرامت ہے" ہینگ لگے نہ پھٹکری اور دنیا مرید ہوتی ہے، وہ ہر ملنے والے سے اس تپاک سے ملتے ہیں کہ وہ سمجھتا ہے حسن چشتی کا وہی منظور نظر ہے۔ وہی بات کہ "ہر ایک کو گماں کہ مخاطب ہم ہی رہے"۔ ایسا احساس پیدا کرنا بھی اعجاز محبت ہے۔ کسی کی رہبری کرنا اور مدد کرنا اور ضرورت پوری کرنا یہ وصف بھی ان میں ہے۔ مجھے بھی تجربہ ہوا ہے کہ حسن چشتی صاحب میں ایک پوشیدہ نیکی بھی ہے شاید بہت کم ان کے قریبی دوست اس بات سے واقف ہوں گے کہ کار خیر کا ایک خفیہ فنڈ بھی ہے جس سے وہ اپنے وطن حیدرآباد دکن کے غریبوں، بیواؤں اور نادار طالب علموں کی مدد کرتے ہیں۔

حسن چشتی میں اعلیٰ ظرفی کے جوہر بھی نمایاں ہیں کسی کی برائی نہیں کرتے، نکتہ چینی سے گریز کرتے ہیں۔ غیبت اور عیب گوئی سے دامن بچائے رکھتے ہیں۔ ایک محفل میں، میں نے دیکھا کہ لوگ کسی کی کمزوریوں پر تمسخرانہ انداز میں لعن وطعن کر رہے تھے۔ فی الواقع اس میں بڑی خامیاں تھیں۔ خاص بات یہ کہ حسن چشتی سب سے بڑھ کر ان خامیوں سے واقف تھے مگر وہ چپ، خاموش مسکراتے رہے کسی نے پوچھا بھی تو ٹال گئے۔

حسن چشتی صاحب سے چند باتیں ضرور پوچھی ہیں۔ جو کچھ معلوم ہوا یہ کہ ۱۵ اکتوبر ۱۹۳۰ کو وہ حیدرآباد دکن (چونے والے دادا کی گلی) میں پیدا ہوئے۔ ان کی تعلیم و تربیت اور سیرت کی تعمیر میں ان کے والد محترم سمیع احمد اور والدہ محترمہ مریم بیگم کی شفقت اور توجہ کو بڑا دخل رہا ہے۔ سیرت کی تعمیر میں ایک اور شخصیت کا انہوں نے ذکر کیا جس کے وہ مرہون منت ہیں وہ تھے انجینئرنگ کالج کے پرنسپل جناب ضیاء الدین انصاری صاحب۔ حسن چشتی صاحب ان لوگوں میں ہیں جو اپنی دنیا آپ بناتے ہیں۔ دوران تعلیم ہی انہیں ملازمت اختیار کرنی پڑی۔ ملازمت جاری رکھتے ہوئے ایوننگ کالج جامعہ عثمانیہ سے (Economics, Political Science & Public Administration) میں بی اے کیا۔ ۱۹۵۱ء میں انجینئرنگ کالج جامعہ عثمانیہ میں ملازم ہوئے تو ۱۹۷۸ء جدہ جانے تک اسی سے وابستہ رہے۔ ۱۴ اکتوبر ۱۹۵۷ء کو ان کی شادی محترمہ زینت بیگم سے ہوئی جو شادی کے بعد "زینت حسن" سے معروف ہیں۔ دو صاحبزادیاں زرینہ حسن اور ثمینہ حسن کے علاوہ دو صاحبزادے جاوید حسن اور واجد حسن تولد ہوئے۔ سب کی شادیاں ہو چکی ہیں۔ جدہ گئے تو کنگ عبدالعزیز یونیورسٹی میں کام کیا پھر Water Treatment Co میں ملازمت کی ۱۹۸۶ء کے اواخر تک جدہ میں رہ کر مستقل طور پر امریکہ (شکاگو) منتقل ہو گئے۔

شکاگو آنے کے بعد اپنے عزیز دوست خان لطیف خان کے ساتھ کام کرتے رہے۔ ۱۹۹۱ء میں آزاد پیشہ تجارت اختیار کیا اور شہر شکاگو دیوان ایوینیو میں اپنا ایک الگ بزنس قائم کیا۔ ابھی حال میں تجارتی کام کو مزید وسعت دی۔ ان کے فرزند بزنس میں شریک کار ہیں۔

حسن چشتی صاحب شعر و ادب کا فطری ذوق رکھتے ہیں۔ اُردو زبان سے محبت اور

اسکی ترقی وترویج کے ہمیشہ خواہاں وکوشاں رہے۔ حیدرآباد ہو یا جدہ یا شکاگو جہاں بھی گئے جہاں بھی رہے، اُردو انجمن کی بنیاد رکھی اور جذبہ خلوص سے کام کیا۔ محفل آرائی کے ساتھ شاعری اور ادیبوں کی قدر افزائی اور پذیرائی کا شیوہ اپنایا۔ اردو کی خدمت کے صلہ میں کئی ایوارڈز بھی ملے ہیں۔ زمانہ طالب علمی میں چند ایسے صاحب ذوق ساتھی اور دوست مل گئے جس کی وجہ ادبی صلاحیتیں پروان چڑھیں اور نثر نگاری اور شاعری کا ذوق ابھر گیا۔ اُردو کی خدمت کا جذبہ ایسا تھا کہ ایک عرصہ تک ماہنامہ " آکاش" ماہنامہ "پاسبان" اور ہفتہ وار منصف (انگریزی) کے ایڈیٹر رہے۔ مجھے معلوم نہ تھا کہ حسن چشتی صاحب شاعر بھی ہیں۔ پہلی مرتبہ جب شکاگو کے ایک مشاعرہ میں وہ غزل سرا ہوئے تو میں چونک گیا۔ بہت اچھی اور پیاری غزل تھی۔ بڑی خوشی ہوئی کہ وہ اچھے آدمی بھی ہیں اور اچھے شاعر بھی۔ مشاعرہ میں غزل سناتے ہیں تو خوب داد و تحسین سے نوازے جاتے ہیں۔ شاعری ایک فن ہے اس فن کو سیکھنے انہوں نے اساتذہ سخن کے آگے زانوئے ادب تہہ کیا۔ چنانچہ شاعری کی ابتداء کی تو حضرت علی اختر سے کلام پر اصلاح لی پھر کچھ عرصہ تک جناب مجیب خیر آبادی کو کلام دکھایا۔

پولیس ایکشن ۱۹۴۸ء کے بعد ان کا گھرانہ پاکستان منتقل ہو گیا۔ صرف حسن چشتی صاحب حیدرآباد میں رہ گئے۔ ان کے والد کا پھر والدہ صاحبہ کا کراچی میں انتقال ہو گیا۔ حسن چشتی صاحب کے پانچ بھائی اور چھ ہمشیرہ ہیں۔ بھائیوں کے نام حسب ذیل ہیں۔

جناب شاہ جہاں

(کراچی)، جناب فضل الرحمن (لندن)، جناب شفیع احمد (کراچی)، جناب علی احمد (کراچی)، جناب رضی احمد (جدّہ) میں ملازمت کی اور انتقال کراچی میں ہوا۔ چار بہنیں کراچی میں مقیم ہیں اور دو بہنیں حیدرآباد دکن میں سکونت پذیر تھیں۔ بڑی ہمشیرہ کا ابھی

حال ہی میں ملے پلی حیدرآباد میں انتقال ہو گیا۔

حسن چشتی صاحب کو قریب سے دیکھنے اور جاننے والے اصحاب نے ان کی شخصیت کی خوبیوں اور ان کی ادبی اور سماجی خدمات کو سراہا ہے اور مضامین لکھے ہیں۔ میرے دوست اقبال متین نے "سنگ مرمر کا گداز" کے عنوان سے ان کی شخصی زندگی، حالات اور ان کی خدمات کا بڑے دلچسپ پیرایہ میں جائزہ لیا ہے اور کوئی بات ڈھکی چھپی نہیں رکھی۔ ان کی خدمات کے اعتراف میں اگست ۱۹۹۸ء میں "جشن حسن چشتی" شکاگو میں انجمن طلبائے قدیم جامعہ عثمانیہ کی جانب سے منایا گیا جس میں کئی قابل اشخاص نے اپنے تاثرات بیان کئے اور تعریفی کلمات سے نوازا۔ بہر حال کوئی مانے یا نہ مانے حقیقت خود کو منوا لیتی ہے۔ مجھے خوشی ہوئی ہے کہ اتنی ساری خوبیوں کے حامل حسن چشتی صاحب "باشندہ دکن" ہیں۔

(۱۰) حیدرآبادی تہذیب کے چار مینار : حسن چشتی

ڈاکٹر صادق نقوی (حیدرآباد دکن)

اگر آپ نے حیدرآبادی تہذیب کو مجسم نہیں دیکھا ہے تو آپ کو حسن چشتی سے ضرور ملنا چاہیئے۔ یہ جملہ میں نے اپنے زمانہ طالب علمی سے پچھلے آٹھ برس قبل تک بارہا سنا تھا۔ کبھی یہ جملہ کالج کے شعراء اور ادیبوں کی محفل میں سنائی دیتا تو کبھی میدان کے کھلاڑی اسے دہراتے۔ کبھی کالج کے آفس میں یہ بات دہرائی جاتی تو کبھی اساتذہ اسے دبی زبان میں ایک دوسرے کو سناتے۔ شاید یہی وجہ تھی کہ یہ جملہ میرے حافظے کا حصہ بن گیا۔ طالب علمی کے دور سے یونیورسٹی میں لکچرر بننے تک اس جملہ کی گونج میرے حافظہ کا حصہ رہی۔ اسے اتفاق کہیے یا خوش قسمتی کہ یونیورسٹی میں میرا مضمون تاریخ رہا۔

مجھے حیدرآباد کی تاریخ سے شروع ہی سے دلچسپی رہی ہے اور اسی میں مَیں نے ایم۔ فل اور پی۔ ایچ ڈی کی ڈگریاں حاصل کیں بلکہ پوسٹ ڈاکٹریٹ کی تکمیل کے لیے بھی مَیں نے قطب شاہوں اور عادل شاہوں کے ادوار کے تہذیب و تمدن پر مقالہ لکھا۔

آپ ان چند جملوں کو پڑھ کر شاید یہ سوچ رہے ہوں گے کہ حسن چشتی پر مضمون میں مجھے اپنے تعارف کی ضرورت کیوں پیش آئی۔ وجہ صاف سی ہے میں آپ کی خدمت میں یہ عرض کرنا چاہتا ہوں کہ میں حیدرآباد کی تہذیب کی بنیادوں، تہذیبی اقدار اور اس کے عروج و زوال سے واقف ہوں یا یوں سمجھ لیجئے کہ "عمر گذری ہے اسی دشت کی سیاحی میں" مجھے یہاں حیدرآباد کی تہذیبی تاریخ کو نہیں دہرانا ہے بلکہ صرف اتنا کہنا ہے کہ

حیدرآباد کی تہذیب، شرافت نفس، محبت، رواداری اور ایک دوسرے کے غموں اور خوشیوں میں شرکت سے عبارت ہے بلکہ یہی اقدار حیدرآبادی تہذیب کے چار مینار ہیں۔ عام طور پر اُردو میں جب کسی شخصیت پر مضمون لکھا جاتا ہے تو لکھنے والا مضمون نہیں قصیدہ لکھ دیتا ہے۔

لیکن ایک مورخ کے لیے یہ محال نہیں تو مشکل ضرور ہے۔ اپنے حافظہ میں محفوظ جملے کی تحقیق کے لیے میں نے حسن چشتی پر اپنے ریسرچ کا آغاز کیا۔ اس کام کے لیے میرے سامنے دو ہی ماخذ تھے۔ ایک اُن کے اور اپنے دوستوں سے سنے ہوئے واقعات اور اپنا ذاتی مشاہدہ۔ میں نے اپنے کام کی ابتداء چار مینار کے پہلے مینار شرافت نفس سے کی۔ مجھے حسن چشتی کی شرافت نفس کے اتنے سارے ثبوت ملے کہ اگر صرف انہی کو لکھا جائے تو ایک مضمون نہیں ایک کتاب مکمل ہو جائے۔ ان میں سے میں اس لیے صرف ایک ہی واقعہ لکھوں گا تا کہ مضمون طویل نہ ہو جائے۔

حسن چشتی عثمانیہ انجینئرنگ کالج میں اُس وقت سکشن آفیسر تھے جب عابد علی صاحب کالج کے پرنسپل تھے۔ عابد علی صاحب اتنے اصول پسند تھے کہ کسی بھی وقت کسی بھی مسئلہ پر وہ اصولوں اور قوانین سے گریز نہ کرتے۔ اُن کی اسی اصول پسندی نے ایک بار طلبہ کو اُن کے خلاف ہڑتال کی راہ پر ڈال دیا۔ ہڑتال شروع ہوئی اور تیزی سے تشدد تک پہنچ گئی۔ طلبہ نے جب توڑ پھوڑ شروع کی تو عابد علی صاحب اپنے آفس سے باہر نکلے۔ یہ آسانی سے ہو سکتا تھا کہ حسن چشتی اپنے آفس کا دروازہ بند کر کے اطمینان سے بیٹھے رہتے۔ لیکن یہ بات فطرت کے مطابق تو ہوتی لیکن شرافت نفس کی نفی کرتی۔ حسن چشتی آفس کے باہر آئے اور عابد علی صاحب کے بازو کھڑے ہو گئے۔ طلبہ میں سے کسی نے ایک پتھر عابد علی صاحب کی طرف پھینکا نشانے پر عابد علی صاحب کا سر تھا۔ حسن چشتی

تیزی سے آگے بڑھے اور عابد علی صاحب کے سامنے آگئے۔ پتھر حسن چشتی کے سر پر لگا۔ شدید زخمی ہوگئے۔ دواخانہ لے جایا گیا زخم پر ٹانکے لگائے گئے۔ کوئی اور ہوتا تو اسے بہانہ بنا کر دو ایک ہفتے کی چھٹی حاصل کر لیتا لیکن حسن چشتی زخمی حالت ہی میں پھر سے کالج پہنچ گئے۔ دوستوں نے منع کیا تو کہا کہ کالج میں ہنگامہ ہے میں کیسے آرام کر سکتا ہوں۔ ایسا موقع کسی اور کے ہاتھ آتا تو وہ پرنسپل پر جو اتفاق سے اُس وقت ایکٹنگ وائس چانسلر بھی تھے احسان جتا کر اپنی ترقی کی راہ ہموار کر لیتا۔ لیکن حسن چشتی نے ایسا کچھ نہیں کیا۔ اسی لیے میں اس واقعہ کو اُن کی شرافت نفس کا ثبوت سمجھتا ہوں۔

حیدرآبادی تہذیب کے دوسرے مینار محبت پر مجھے زیادہ لکھنے کی حاجت اس لیے نہیں ہے کہ حیدرآباد شہر کی بنیاد ہی محبت پر رکھی گئی تھی شاید یہی وجہ ہے کہ حیدرآباد کی تہذیب کی بنیادی قدر محبت ہے۔ حسن چشتی کا مزاج شاعرانہ ہے اور ہر شاعر کی طرح انہیں بھی حسن سے محبت ہے، حُسن کسی کی شخصیت میں بھی ہو سکتا ہے اور کائنات میں پھیلی ہوئی اشیاء میں بھی۔

لیکن شخصیت کا حُسن جو ذات کی صفات کو اجاگر کرتا ہے زیادہ متاثر کُن ہوتا ہے۔ حسن چشتی اسی حُسن کی تلاش میں سرگرداں رہتے ہیں۔ اسی لئے فنون لطیفہ کا ہر فنکار انہیں محبوب ہے۔ وہ شاعر ہو یا ادیب، مزاح نگار ہو یا گلوکار، اسکالر ہو یا مقرر۔ حسن چشتی اُس سے ٹوٹ کر محبت کرتے ہیں۔ مجھے اس صفت کی پہچان کے لیے ماضی کے کسی واقعہ کا ذکر کرنے کی ضرورت اسی لیے نہیں ہے کہ نہ صرف میرا مشاہدہ ہے بلکہ بے حساب فنکاروں کا یہی تجربہ بھی ہے بلکہ اکثریوں بھی ہوا ہے کہ ہم فنکاروں میں یہ بحث ہوئی ہے کہ حسن چشتی کس سے زیادہ محبت کرتے ہیں۔ اس بحث کی وجہ یہ ہے کہ جو بھی حسن چشتی سے ملتا ہے یہی سمجھتا ہے کہ وہ اُسے سب سے زیادہ محبوب رکھتے ہیں۔

حیدرآبادی تہذیب کے تیسرے مینار اور رواداری کی تلاش کسی کی شخصیت میں بڑا مشکل کام ہے اس لیے کہ یہ رسماً بھی ہوتی ہے اور لسانی بھی لیکن عملی مظاہرہ شاذو نادر ہی دیکھنے کو ملتا ہے۔ لیکن یہ مشکل بھی حسن چشتی کے سلسلے میں مشکل نہیں ہے۔ ماضی سے حال تک ایسے بے حساب واقعات ملتے ہیں جو ان کی ہمدردی کا ثبوت ہیں۔ ان کی ہمدردی دامے، درہمے اور سخنے تینوں اجزاء کا احاطہ کرتی ہے۔ حسن چشتی عثمانیہ یونیورسٹی اسٹاف اسوسی ایشن کے عرصہ تک صدر رہے تھے۔ اس دور میں یہ بات بہت عام تھی کہ یونیورسٹی کے کسی بھی ملازم کا کوئی بھی مسئلہ ہو وہ سیدھے حسن چشتی کے پاس پہنچ جاتا۔ اپنی مشکل بیان کرتا اور پھر بے فکر ہو جاتا اس لئے کہ اس کا مسئلہ اب حسن چشتی کا مسئلہ بن جاتا۔ وہ کسی نہ کسی طرح اس مسئلہ کا حل تلاش کر لیتے اور اس کی بھی فکر نہ کرتے کہ ان کاوشوں کا اُن کے اپنے کیریر پر کیا اثر پڑے گا۔ شاید یہی وجہ ہے کہ یونیورسٹی میں اب بھی ان کے تذکرے ہوتے ہیں۔

یہ تو ماضی کی بات تھی جسے میں نے سنا ہے دیکھا نہیں ہے اس لئے کہ جب میں یونیورسٹی سے وابستہ ہوا تو حسن چشتی یونیورسٹی سے رخصت ہو چکے تھے۔ اس لیے وہ واقعہ بھی لکھنا چاہتا ہوں جس کا میں عینی شاہد ہوں۔

میرے کالج کے ایک عزیز دوست جو نظام کالج کے مایہ ناز کھلاڑیوں میں شامل تھے اور کالج کے بعد یونیورسٹی کے شعبہ اسپورٹس سے وابستہ ہو گئے تھے وظیفہ کے بعد اپنے ایک دوست کی دعوت پر شکاگو آئے۔ دوست نے یقین دلایا تھا کہ وہ اُن کے لئے ہر قسم کی سہولت فراہم کرے گا۔ لیکن میرے دوست نہیں جانتے تھے کہ محبت، رواداری، میزبانی اور دوستی کے صفات امریکی تہذیب کے بازاروں میں دستیاب نہیں ہوتے۔ وہ چلے آئے اور وہی ہوا جو باہر کے ممالک سے بے سوچے سمجھے آجانے

والوں کے ساتھ ہوتا ہے۔ میرے دوست پریشان ہوگئے۔ ساتھیوں سے اپنی مشکل بیان کی تو سب نے ایک ہی مشورہ دیا۔ حسن چشتی سے ملو۔ وہ حسن چشتی سے واقف ضرور تھے لیکن پہچان دوستی کے حدود تک نہیں پہنچی تھی۔ پھر وہ مسلمان بھی نہیں تھے کہ ہم مذہب ہونے کے ناطے حسن چشتی سے مدد کی امید رکھیں لیکن اور کوئی راستہ بھی نہیں تھا اس لئے ڈرتے ڈرتے حسن چشتی کے پاس آئے۔ اپنی مشکل کا اظہار کیا۔ حیدرآباد کی تاریخ میں قطب شاہی دور سے آصف جاہی دور کے خاتمے تک جس تہذیب کا تذکرہ ہے اس میں یہ وصف نمایاں ہے کہ حیدرآباد میں انسان کا رشتہ انسان سے انسانیت کی بنیاد پر ہوتا تھا۔ مذہب اور فرقے کی بنیاد پر نہیں۔ حیدرآبادی تہذیب کے سفیر حسن چشتی نے اسی کا مظاہرہ کیا۔ میرے دوست کو ہر قسم کی سہولت فراہم کی اور جب تک انہیں شکاگو میں نوکری نہ مل گئی اُن کے کفیل بنے رہے۔ یہ واقعہ میں نے اپنے دوست کی زبانی بارہا حیدرآباد میں سنا تھا۔ مجھے حسن چشتی سے اسے سننے کی تمنا تھی لیکن جب بھی میں نے اس کا تذکرہ چھیڑا وہ انجان بن گئے۔ یوں لگا جیسے وہ اسے مکمل طور پر بھلا چکے ہوں۔ یہی حسن چشتی کا وصف ہے۔ انہوں نے کتنے افراد کی مدد کی اس کا حساب کرنا ممکن نہیں ہے۔

آیئے اب آخری مینار کا جائزہ لیں۔ کسی کے غم اور خوشی میں اس کے ساتھ شریک ہو جانا اُن افراد کا فطری تقاضہ ہوتا ہے جو کردار کو اہمیت دیتے ہیں۔ کسی کی خوشی میں شریک ہونا تو عام بات ہے لیکن کسی کی مصیبت اور غم میں حصہ داری مشکل مسئلہ ہے۔ حیدرآباد میں حسن چشتی کی زندگی کے دو ایک واقعات میں لکھ رہا ہوں جن سے ان کے اس وصف کا اظہار ہوتا ہے۔ آنکھوں دیکھی بات یہ ہے کہ میں اُن کے ساتھ حیدرآباد کی ایک شعری محفل میں شریک تھا۔ میں اُن کے ایک طرف بیٹھا تھا اور دوسری طرف ایک معمر شاعر جن کا شمار اساتذہ میں ہوتا تھا تشریف فرما تھے۔ استاد بیمار بھی تھے اور

ہندوستانی شعراء کی تنگدستی بھی ان کا مقدر بن چکی تھی۔ لیکن اُردو کے شعراء کا ایک المیہ یہ ہے کہ لوگ اُن کے اشعار کی کھل کر داد بھی دیتے ہیں اور اُن کی عظمت کے قصیدے بھی پڑھتے ہیں لیکن کوئی اُن کی مصیبتوں میں اُن کا شریک نہیں بنتا۔ لیکن اب بھی حسن چشتی کی طرح کے کچھ لوگ باقی ہیں جنہیں اس کا احساس ہے۔ میں نے محفل میں دیکھا کہ حسن چشتی نے نہایت احتیاط سے اپنی جیب سے کچھ نکال کر بزرگ شاعر کی جیب میں رکھ دیا۔ یہ کام انہوں نے اتنی احتیاط سے کیا کہ میرے علاوہ شاید ہی کوئی دیکھ پایا ہو۔ میں نے محفل کے بعد ان سے پوچھا کہ آپ نے اتنی احتیاط سے کیا دیا تو وہ ٹال گئے۔ میں نے بھی اصرار نہیں کیا اس لیے کہ میں جانتا تھا کہ حسن چشتی کو اپنی دولت سے شہرت خریدنے کا کبھی شوق نہیں رہا۔ لیجئے حیدرآبادی تہذیب کے چار مینار کا تذکرہ تمام ہو گیا لیکن میری بات ابھی ختم نہیں ہوئی۔ جب میں کالج کی تعلیم ختم کر کے یونیورسٹی سے وابستہ ہو گیا اور مشاعروں اور ادبی جلسوں میں شریک ہونے لگا تو مجھے یہ معلوم ہوا کہ حسن چشتی حیدرآباد چھوڑ کر سعودی عرب جا چکے ہیں۔ اب حسن چشتی سے میری ملاقات کا ذریعہ صرف اخبار سیاست تھا۔ جدہ کی کسی بھی اُردو تقریب کی رپورٹ چھپتی تو اس میں حسن چشتی کا نام ضرور ہوتا۔ پھر اخبار ہی کے ذریعہ یہ معلوم ہوا کہ حسن چشتی شکاگو پہنچ گئے ہیں اور اُردو کے مشاعروں اور ادبی اجلاسوں میں بڑھ چڑھ کر حصہ لے رہے ہیں۔ مجھے اُردو زبان سے اُن کی محبت اور اُس کی بقا کے لیے کاوشوں کی تفصیل جان کر حیرت اس لیے نہیں ہوئی کہ زبان کسی بھی تہذیب کے اظہار کا موثر ذریعہ ہے جو شخص اپنی زبان سے محبت نہیں رکھتا وہ اپنی تہذیب کو بھی فراموش کر دیتا ہے۔ لیکن تعجب اس بات پر ہوتا تھا کہ اُردو ادب کے ماحول میں اتنا طویل عرصہ گذارنے کے باوجود انہوں نے قلم ہاتھ میں کیوں نہیں لیا ہے۔ اس دن مجھے بڑی خوشی ہوئی جس دن اخبار سیاست میں اُن کا پہلا مضمون پڑھا سوچا

"چلو یہاں تک تو آئے یہاں تک تو پہنچے" پھر کئی مضامین اخبار سیاست اور منصف میں پڑھنے کا موقع ملا۔ سلیس زبان میں گہرائی اور گیرائی لیے ہوئے یہ مضامین یقیناً ادب میں قابل قدر اضافہ ہیں۔ پھر اخبار ہی کے ذریعہ یہ معلوم کر کے مسرت ہوئی کہ وہ ہندوستان کے مشہور مزاح نگار مجتبیٰ حسین کی تحریروں کو ترتیب دے کر شائع کر رہے ہیں شاید اس دور میں ایسے بہت کم ادیب یا شاعر ہوں گے جو اپنی تخلیقات کو پس پشت ڈال کر دوسروں کی تخلیقات کو شایان شان پیمانے پر شائع کریں۔ حسن چشتی جب کسی کام کا بیڑا اٹھاتے ہیں تو اسے مکمل کئے بغیر چین نہیں لیتے۔ انہوں نے اب تک مجتبیٰ حسین کی تحریروں کو ترتیب دے کر چار کتابیں شائع کر دی ہیں۔ تالیف اور تصنیف کے اس سلسلے نے حسن چشتی کو ادیبوں کی صف میں قابل قدر مقام تو دلا دیا لیکن ابھی شاعری کے میدان کو اُن کا انتظار تھا۔

شاعری سے اپنے گہرے ربط کی وجہ سے میرا انتظار شدید تھا۔ شکاگو جب میں تیسری مرتبہ آیا تو ایک شعری نشست میں میرا تعارف شاعر حسن چشتی سے ہوا اُن کی غزل سنی خوشی ہوئی لیکن ظاہر ہے ایک غزل سن کر کسی کی شاعری پر اظہار رائے فعل عبث ہے۔ چوتھی بار میں شکاگو آیا ہوں اور اس بار مجھے یہ موقع ملا کہ میں حسن چشتی سے اُن کی کئی غزلیں سن سکوں۔ یہ مختصر سی شعری نشست میرے ہی گھر پر ہوئی تھی۔ حسن چشتی سے اُن کا کلام سن کر میں یہ یقین سے کہہ سکتا ہوں کہ اُن کی شاعری کسی مبتدی کا کلام نہیں ہو سکتی۔ انہوں نے جتنی غزلیں سنائیں اُن میں کوئی ایک بھی مصرعہ خارج البحر نہیں تھا۔ کسی بھی مصرعہ میں زبان و بیان کی کوئی لغزش نہیں تھی۔ اُنکی غزلیں روایتی پس منظر میں عصری حسیت لیے ہوئے تھیں مجھے یقین ہے کہ وہ شعر بہت عرصے سے کہہ رہے ہوں گے لیکن سنانا اب شروع کیا ہو گا۔

مضمون شاید تھوڑا سا طویل ہو گیا ہے لیکن یقین جانیئے ابھی مکمل نہیں ہوا ہے۔ ابھی جانے کتنی ہی ایسی باتیں ہیں اور کتنے ایسے پہلو ہیں جن پر لکھا جانا چاہئے تھا۔ یقین ہے کوئی نہ کوئی کسی نہ کسی دن اسے ضرور مکمل کرے گا۔

(۱۱) دیارِ غیر میں اردو کا مسیحا: حسن چشتی

شاہ نواز شاہ

ہمدرد، مرنج و مرنجان، سادگی پسند اور وضعدار شخصیت کے مالک کو انسانی رشتوں کے وسیلے سے اُردو دُنیا انہیں حسن چشتی کے نام سے جانتی ہے۔ حسن صاحب کو اللہ تعالیٰ نے دُنیا کی اَن گنت نعمتوں اور بے شمار خوبیوں سے نوازا۔ ان کی فطرتِ خاص میں شرافت، درد مندی، درگزر، وضع داری بھری ہوئی ہے۔ طبیعت میں بلا کی سادگی ہے بیحد ملنسار بھی ہیں۔ اگر کوئی ان سے ایک بار ملاقات کرلے تو یہ اپنی ہمدردانہ، مشفقانہ اور منکسر المزاجی سے اس کو اپنا گرویدہ بنالیتے ہیں۔

موصوفِ معظم کی شخصیت و خدمات سے متعلق جو کچھ لکھا جائے اس سے کہیں زیادہ وہ مشہور ہیں۔ البتہ یہ اظہر من الشمس ہے کہ موصوف معظم نے دن اور رات کے کسی بھی وقت کسی کے پاس بھی بلا امتیاز رنگ و نسل خدمت خلق انجام دی ہے۔ اسی انداز خدمات کی وجہ سے وہ ہر عام و خاص کے دلوں پر چھا گئے اور چھائے ہوئے ہیں۔ بارگاہِ رب العزت میں دُعا ہے کہ وہ موصوف معظم کو تادیر بصحت وعافیت رکھے۔ آمین

حسن صاحب کی ضعیفی پر نوجوانوں کو رشک آتا ہے اور اِن کی مستعدی کو دیکھ کر دل میں امنگ پیدا ہوتی ہے، ان کی زندگی بے لوث خدمات سے بھری ہے اور ان کی زندگی کا ہر لمحہ کسی نہ کسی تعمیری کام میں صرف ہوتا ہے۔ یہ بہت ہی رقیق القلب ہیں، دوسروں کی تکالیف کو دیکھ کر بے چین ہو جاتے ہیں، حاجت مندوں کی حاجت پوری کرنے میں ایڑی

چوٹی کا زور لگا دیتے ہیں، سفارشیں کر کے لوگوں کے کام نکالتے ہیں، حسن چشتی صاحب کے اخلاق و کردار اچھوتے ہیں، نہایت ہی با مروت اور با اخلاق انسان ہیں اور ہر وقت ضرورت مندوں کی مدد پر کمربستہ رہتے ہیں۔ اس سلسلہ میں شمیم علیم صاحبہ کے مضمون کا مندرجہ ذیل اقتباس اُن کی شخصیت کا بھرپور احاطہ کرتا ہے وہ فرماتی ہیں کہ:

"اس تاریکی میں اچانک ہاتھ فون کی طرف چلا جاتا ہے۔ نمبر ملاتے ہی دوسری طرف سے آواز آپ کے اندر ایک اعتماد، ایک ہمت پیدا کر دیتی ہے۔ دھیرے دھیرے آپ کے اندھیرے اُجالوں میں بدلنے لگتے ہیں۔ ہونٹوں پر مسکراہٹ آنے لگتی ہے۔ آنکھوں میں ایک چمک پیدا ہو جاتی ہے اور آپ کو اپنا مستقبل شاندار نظر آنے لگتا ہے۔ نمبر تو یاد ہے نا آپ کو حسن چشتی صاحب کا۔۔۔۔! آج کل اخباروں میں لندن کے ایک پیر صاحب کا اشتہار نظر آ رہا ہے۔ لندن میں بیٹھ کر وہ آپ کی تمام تکالیف کا علاج صرف ایک ہفتے میں کر دیتے ہیں۔ اگر اس سے ملتا جلتا ایک اشتہار حسن چشتی صاحب کے لیے بھی دے دیا جائے تو بہت سے ٹوٹے دِلوں کی ڈھارس بندھ جائے۔ ویسے بغیر اشتہار کے بھی ہر ایرا غیرا ان کا نمبر ملا ہی لیتا ہے۔ کام کسی کا بھی ہو، وہ دوڑے چلے جاتے ہیں (شکر ہے خدا کا کہ ابھی تک ان کے گھٹنے سلامت ہیں) فون کا بل، ڈاک کے پیسے، یہ سب ان کے ذمّے۔ وہ تو ہر وقت اسی فکر میں رہتے ہیں کہ دوسروں کی تکالیف کس طرح کم کی جا سکتی ہیں، کس طرح دوسروں کی بے کیف زندگیوں میں تھوڑا سا رنگ بھرا جا سکتا ہے اور سچ پوچھیے تو یہ ایک بہت بڑی عبادت ہے۔ اپنے لیے تو سب جیتے ہیں لیکن حسن چشتی صاحب دوسروں کے لیے جیتے ہیں اور جو دوسروں کے لیے جیتے ہیں وہ زندۂ جاوید ہو جاتے ہیں۔"

آپ کا تعلق سرزمین حیدرآباد (دکن) سے ہے۔ لیکن آپ دُنیا بھر کی کئی انجمنوں سے وابستہ ہیں کسی انجمن کے صدر تو کسی کے سکریٹری اس طرح اُردو کے فروغ کے لئے انہوں نے اہم رول ادا کیا جس کی تاریخی حیثیت ہے۔ اسی طرح پچھلے ۲۵ برسوں سے امریکہ جیسی سنگلاخ زمین پر اُردو کو پروان چڑھانا کوئی معمولی بات نہیں اور وہ بلا تکان یہ کام کر رہے ہیں۔ حسن چشتی صاحب بہت ہی بہترین شاعر ہونے کے ساتھ ساتھ عمدہ ادیب بھی ہیں۔ اچھی شاعری، احساس کی شدت اور واردات قلبی کو حُسن کارانہ طور پر شعری لباس عطا کرنے کا نام ہے۔ انہوں نے بڑی عمدہ اور مرصع غزلیں بھی کہی ہیں۔ چند اشعار تحریر کر رہا ہوں ملاحظہ کیجئے۔

وہ گلستاں کہ جہاں اپنا آب و دانہ ہے
اسے بھی برق و شرر نے عزیز جانا ہے
جہاں بھی شام ہوئی بس وہیں ٹھکانا ہے
نہ کوئی شاخ ہے اپنی، نہ آشیانہ ہے
پرائے درد کو اپنا ہی درد جانا ہے
ہم اہل درد کا رشتہ بڑا پرانا ہے

چھلک رہے ہیں تمہاری نگاہ کے ساغر
پھر اس کے بعد تمنائے میکشی کیا ہے
الجھ رہے ہیں فریبِ نشاط میں جو حسنؔ
سمجھ سکیں گے وہ کیا غم کی زندگی کیا ہے

ویسے تو آسمانِ ادب پر کئی تخلیق کار کے نام ابھرتے ڈوبتے رہے۔ لیکن چند ایسے بھی تخلیق کار ہیں جو ابھرتے ڈوبتے منظر سے دور اپنے فن کی روشنی بکھیرتے رہتے ہیں۔ ان

میں حسن چشتی صاحب کا نام بھی نمایاں طور سے لیا جا سکتا ہے جو نصف صدی سے اُردو ادب سے وابستہ ہیں۔ بدلتے ہوئے رجحانات کی پرواہ کئے بغیر وہ لکھتے رہتے ہیں۔ یہی وجہ ہے ان کے مزاج میں آج بھی کسی آبشار کی طرح جوش اُمڈ رہا ہے۔ حسن چشتی صاحب کی ذہنی سطح اتنی بلند ہے کہ وہ تاریکی کے تدارک میں تفہیم اور تعقل کا چراغ روشن کرسکتے ہیں۔ اسی پس منظر میں کچھ اشعار پیشِ خدمت ہے:

انتہائے دوستی بھی دشمنی نکلی حسنؔ
ابتدا میں اِس حقیقت کو کہاں سمجھا تھا میں
کونسی آنکھ اشکبار نہیں !
کس کا دل ہے جو بیقرار نہیں
اف یہ محرومی کہ منزل نے دیئے لاکھوں فریب
گردِ راہ کارواں کو کارواں سمجھا تھا میں

کئی افراد آپ کو ایسے ملیں گے جو صرف پل بھر میں بلا کسی محنت و جستجو شہرت، عزت، دولت اور لوگوں کا ایک وسیع دائرہ اپنے اِرد گرد اپنی خوشامد کرتے دیکھنا چاہتے ہے لیکن اس کے برعکس آپ کو ایسے افراد (کم ہی سہی) بھی ملیں گے جو محنت و لگن، جدوجہد، ہمدردی، خلوص، خود مصیبت اٹھا کر دوسروں کو راحت دینے کی سعی کرتے ہیں اور اپنی پسندیدہ چیز کی قربانی دے کر دوسروں کے کام آتے ہیں انہیں لوگوں میں سے حسن چشتی صاحب بھی ایک ہیں، یہ ان کی کئی خوبیوں میں سے ایک خوبی ہے۔
حسن چشتی چھوٹے بڑے، ادنیٰ و اعلیٰ، خاص و عام اور گورے، کالے سب ہی سے چہرے پر مسکراہٹ لئے نہایت خندہ پیشانی کے ساتھ انتہائی پُر خلوص انداز میں ملاقات کرتے ہیں، نخوت و رعونت کی ذرا سی بھی مقدار ان میں نہیں پائی جاتی۔ ان کے اخلاق ہی ہیں

جس کی بناء پر سنا ہے کہ ان کے دولت خانہ پر ضرورت مندوں کا جمِ غفیر ہمیشہ لگا رہتا ہے، ان کی شخصیت اپنے آپ میں ایک انجمن کی سی ہے۔ اس تعلق سے لالی چودھری رقمطراز ہیں:

"ان سے مل کر یہ احساس ہوتا ہے کہ کسی اپنے سے مل رہے ہیں، غیریت اور اجنبیت کا احساس نہیں ہوتا۔ اسی لیے لوگ اپنے مسائل اپنی الجھنیں اپنے افکار پریشانی لیے رات کے بارہ ایک بجے تک ان کی گھر آمد و رفت کا سلسلہ جاری رکھتے ہیں۔ ان کے گھر کے دروازے پر کوئی زنجیر نہیں پڑی۔ وہ ہمیشہ کھلا رہتا ہے اور سینکڑوں ہزاروں لوگ اس دروازے سے داخل ہو کر ان کی شخصیت سے فیض اور دانشور اپنے مسائل کا حل تلاش کرتے ہیں اور ان کی یہ محبت ہر ایک ملنے والے کے لئے ہے اور ہر ملنے والا اس خوش فہمی میں مبتلا رہتا ہے کہ یہ محبت صرف اسی کے لیے مخصوص ہے۔"

حسن چشتی صاحب پر جتنے بھی مضامین میں نے پڑھیں ہیں ان سب میں یہی پایا کہ انہوں نے فلاں فلاں کی مدد کی۔ اسکول، کالج کے زمانہ سے لے کر آج تک بھی یہ سلسلہ جاری و ساری ہے۔

آخر میں اتنا ہی کہنا چاہوں گا کہ حسن صاحب جیسے نیک لوگ بہت کم پیدا ہوتے ہیں، جن کا ہونا ہمارے لئے باعث فخر ہے۔ ان کی مدد اور سہارے سے لاکھوں لوگوں کی زندگیاں سنور گئیں۔ اکثر ایسا ہوا ہے کہ صرف ایک سپاہی کی ہمت سے شکست کھاتی ہوئی فوج فتح پا گئی، ڈوبتا ہوا جہاز صرف ایک شخص کی دانشمندی سے کنارے لگ گیا۔ آج بہت سارے لوگ ان سے روشن اُمیدیں وابستہ کئے ہوئے ہیں۔

(۱۲) انتخابِ کلام

حسن چشتی

*

وہ گلستاں کہ جہاں اپنا آب و دانہ ہے
اسے بھی برق و شرر نے عزیز جانا ہے

جہاں بھی شام ہوئی بس وہیں ٹھکانا ہے
نہ کوئی شاخ ہے اپنی، نہ آشیانہ ہے

پرائے درد کو اپنا ہی درد جانا ہے
ہم اہل درد کا رشتہ بڑا پرانا ہے

دکن گئے تو ملے فرشِ راہ دیدہ و دِل
خلوص کیا ہے، یہ ہم نے وطن میں جانا ہے

جہاں نہ ٹھیس لگے دل کے آبگینوں کو
وہی قبیلہ ہے اپنا، وہی گھرانا ہے

گئے ہو جب سے ہر اک سمت ہُو کا عالم ہے
بہت اُداس ہمارا غریب خانہ ہے

غریب شہر ہیں لیکن کُلاہ کج ہے حسنؔ
یہ بانکپن تو ہمارا بہت پرانا ہے

کون سی آنکھ اشکبار نہیں !
کس کا دل ہے جو بیقرار نہیں

نالۂ دِل پہ اختیار نہیں
ورنہ شکوہ مرا شعار نہیں

حالتِ اضطرابِ دل شاید
آپ پر اب بھی آشکار نہیں

اُن کے وعدوں کا اعتبار تو ہے
زندگی، تیرا اعتبار نہیں

آ بھی جاؤ کہ منتظر ہوں میں
اور اب تابِ انتظار نہیں

مست نظروں کا واسطہ ساقی
پی رہا ہوں مگر خمار نہیں

جب سے بدلی نگاہِ ناز حسنؔ
زندگانی کا اعتبار نہیں

*

تری نگاہِ کرم ہے تو پھر کمی کیا ہے
ترے نثار مجھے فکرِ زندگی کیا ہے

عجیب شئے ہے محبت کا جذبۂ رنگیں
پھر اس کے بعد بساطِ غم و خوشی کیا ہے

مری نظر ہے بہارِ چمن کی جلوہ شناس
میں جانتا ہوں مآلِ شگفتگی کیا ہے

بہت بلند مقامِ حیات ہے ہمدم
زمانہ ساز نگاہوں کو آگہی کیا ہے

نگاہِ اہلِ زمانہ پہ کاش کُھل جائے
کہ ایک مرگِ مسلسل ہے زندگی کیا ہے

چھلک رہے ہیں تمہاری نگاہ کے ساغر
پھر اس کے بعد تمنائے میکشی کیا ہے

الجھ رہے ہیں فریبِ نشاط میں جو حسنؔ
سمجھ سکیں گے وہ کیا غم کی زندگی کیا ہے

*

تیرے غم کو حاصلِ کون و مکاں سمجھا تھا میں
بے خودی میں ہر خوشی کو جاوداں سمجھا تھا میں

برق کی چشمک کو سعی رائیگاں سمجھا تھا میں
چار تنکوں پر بساطِ آشیاں سمجھا تھا میں

اف یہ محرومی کہ منزل نے دیئے لاکھوں فریب
گردِ راہ کارواں کو کارواں سمجھا تھا میں

زندگانی اور بھی پامالِ غم ہوتی گئی
وائے نادانی کہ ان کو مہرباں سمجھا تھا میں

کاش وہ آتے سکونِ قلبِ مُضطر کے لئے
جن کو اپنی زندگی کا راز داں سمجھا تھا میں

انتہائے دوستی بھی دشمنی نکلی حسنؔ
ابتدا میں اِس حقیقت کو کہاں سمجھا تھا میں

***